青春是苦中带甜的领悟

《中学生博览》杂志社 选编

时代文艺出版社

图书在版编目（CIP）数据

青春是苦中带甜的领悟 /《中学生博览》杂志社选编. — 长春：时代文艺出版社，2021.3
（青少年校园美文精品集萃丛书. 青春伴读系列）
ISBN 978-7-5387-6578-6

Ⅰ.①青… Ⅱ.①中… Ⅲ.①作文－中小学－选集 Ⅳ.①H194.5

中国版本图书馆CIP数据核字（2020）第267132号

出 品 人　陈　琛
产品总监　邓淑杰
责任编辑　焦　瑛
装帧设计　孙　利
排版制作　隋淑凤

本书著作权、版式和装帧设计受国际版权公约和中华人民共和国著作权法保护
本书所有文字、图片和示意图等专有使用权为时代文艺出版社所有
未事先获得时代文艺出版社许可
本书的任何部分不得以图表、电子、影印、缩拍、录音和其他任何手段
进行复制和转载，违者必究

青春是苦中带甜的领悟

《中学生博览》杂志社　选编

出版发行 / 时代文艺出版社
地址 / 长春市福祉大路5788号　龙腾国际大厦A座15层　邮编 / 130118
总编办 / 0431-81629751　发行部 / 0431-81629755　北京开发部 / 010-63108163
官方微博 / weibo.com / tlapress　天猫旗舰店 / sdwycbsgf.tmall.com
印刷 / 三河市嵩川印刷有限公司
开本 / 880mm×1230mm　1 / 32　字数 / 135千字　印张 / 7
版次 / 2021年3月第1版　印次 / 2021年3月第1次印刷　定价 / 36.00元

图书如有印装错误　请寄回印厂调换

编 委 会

编委会主任：刘翠玲　夏野虹　高　亮

编　　　委：宁　波　孟广丽　张春艳

　　　　　　李鹏修　苗嘉琳　姜　晶

　　　　　　王　鑫　李冬娟　王守辉

Contents 目 录

晚点的时光颗粒

喜欢是时光开下的玩笑 / 陆七月 002

终有桑田替沧海 / 草帽儿先生 008

优质同桌 / 池 屠 015

二百八十六步的距离 / 穿围裙的兔子 021

记住，要忘记 / 二 笨 027

波斯菊的快乐 / 郭杨莹 034

梦里不知谁是客 / 红 薯 040

那只猫 / 柯一梦 047

晚点的时光颗粒 / 蓝格子 051

感谢你给我一段惊鸿岁月

信笺孤单，我不打扰 / 冯 瑜 062

告诉罗拉我爱她 / 蓝水澈 073

感谢你给我一段惊鸿岁月 / 李东颖 082

两色烟火 / 梁 煦 093

泡沫一季 / 林芸沁　104
消失不见的素颜 / 凌　落　111
独家记忆 / 刘姝麟　125
雨中对谈 / 幽篁弹筝　136
双生花 / 浅步调　139

罐头先生，一切安好

罐头先生，一切安好 / 刘恬婧　146
未末日 / 蒋一初　150
瞧我这群哥们儿 / 郦儒　155
北极星 / 梁憬　159
有你陪着这样走 / 刘雨婷　167
突然好想你，你会在哪里 / 暮浓城　174
一场无疾而终的单恋 / 暮雪　178

记忆最后的那片蔚蓝海

卡布奇诺的专属思念 / 七月箫　182
你好，兔子先生 / 浅步调　189
与七书 / 深深深夏　193
何佳琪的淡定同桌 / 刘荣付　198
寂 / 木秋夏穆　206
记忆最后的那片蔚蓝海 / 暮浓城　214

晚点的时光颗粒

喜欢是时光开下的玩笑

陆七月

任何一个人都不会把我和叛逆扯上关系。

刘海儿伏贴，眉眼温润，带着一点儿羞怯。在校表现良好，无不良嗜好。

但是每年樱花盛开的时候，我都会逃掉我认为不重要的课，然后去固定的地方等一个永远都不会来的人。

其实说逃课也不完全对，因为我会向老师请假。不管是一个下午或者一节课，老师都不会怀疑，只是反复提醒我，要注意身体。

第一次逃课是在初一下学期，突然某一天成绩从拔尖跌到了不上不下的水平，并且怎么努力都无济于事。人也莫名其妙地情绪化，就像是患了抑郁症。笑着笑着会突然止住笑声，没由来地觉得悲伤。那种感觉卡在喉咙里吐不出来也吞不下去。

学校里有棵很大的樱花树，据说那棵最大的樱花树暗喻着当年的高考的考取率。大概也是因为这个原因，大家对那棵樱花树都有着莫名的好感，我也不例外。

我喜欢躲在樱花树下的石桌上睡觉。

阳光透过叶缝，在我眼睛里晃啊晃，关于考试和学习的一切都后退到不知名的地方去了，躁动的心一点点沉淀下来。特别踏实。

某一次我醒过来的时候，陈嘉栋弯腰凑在我脸前，手里的狗尾巴草在我脸上扫来扫去。他说，我发现了，你逃课哦。

如果是我后桌周子安，我肯定会一巴掌打掉他的门牙并且义正词严地问候他："我逃课关你什么事儿，而且上课时间出现在我面前至少说明你是个共犯！"

可问题是他不是周子安啊，准确来说，是一个连认识都算不上的隔壁班的男生。

逃课是可耻的，所以我仅存的良知让我的脸在几秒钟之后憋成了番茄色。

而他却大笑起来："哈哈，你怎么那么容易脸红啊。不是对我一见钟情了吧？"

也不知道是他对樱花树太执着还是我太执着，反正第二次打照面也是在樱花树下，只是完全没有了之前的痞气，反而带着一点儿忧郁的味道。

他转脸看我的一瞬间，我恍惚觉得全世界的星光都落到了他的眼睛里,明亮又漂亮。

一念成魔。

只可惜他一开口就坏了气氛:"小番茄,你又逃课啊。"

陈嘉栋会跑到我们班借书,还会顺便讨巧地送我一点儿小零食。

每次借书他总是喜欢拽我头发,"小番茄,我要借语文书""小番茄,我要借英语书"。

他下手从来不知道轻重的,但是不管多疼,我都甘之如饴,"给"。

所以陈嘉栋接过书总要叹息着摇头:"小番茄,你真是个傻姑娘。刚刚拽你疼不疼?"话里带着深深的宠溺。

"不疼!"

我一直都觉得小然开口太过凶猛,经常会一句话把人呛得半死。

这一次也不例外,她不是试探性地问我玖奈你是不是喜欢他啊,而是直接甩给我一个肯定句,并且还顺便掐死了我的念想儿,"玖奈,你傻啊,陈嘉栋那种人根本就不值得你喜欢,无非是学习好一点儿,长得好一点儿,人品根本就是劣迹斑斑啊。"

我不像看上去的那么纯良和无辜,就像陈嘉栋不像看上去那么美好。和他传绯闻的女孩儿有四五个之多,可是偏偏他还有女朋友的。

我曾经背着小然去看过那些女生,打听关于她们的消息,甚至辗转加了陈嘉栋女朋友的QQ。

然后有一次聊天猫七在网上问我,陆玖奈,你是不是喜欢陈嘉栋呢。猫七是陈嘉栋女朋友的网名。

我慌慌张张地下线了,再上线的时候猫七已经不在线了。

她说:"他就像一个没有安全感的孩子,想要很多很多的喜欢,却从来舍不得付出真心。我是离不开他了,可是陆玖奈,你不一样。"

我太怯懦,明明是喜欢陈嘉栋的,却做不到坦荡荡,做不到拉着他的手臂问他,你对我有没有一丝的真心?

所以我能做的就只有躲起来。慢慢地,他不来借书了,也没人叫我小番茄了。我躲在樱花树下睡觉也没人跑过来把我戳醒,一脸坏笑地看着我说,你逃课哦。

心里空出了一块,怎么也填不满。

我想起猫七和我说过的话:"玖奈,陈嘉栋并非你所要的良人,真的,你信我,我不骗你。"

我一个人在没有了花的樱花树下拼命地揉眼睛,我知道啊我知道啊,可是我就是喜欢他啊。

学校图书馆的背后有一面许愿墙,各种各样的涂鸦、关于当下的抱怨或者对未来的希冀。最流行的是"某某某,我喜欢你"。

小然在上面写,一中等我。我想不到要写什么,但是不写又觉得太过遗憾，可是接过铅笔的时候，我却心里却亮起了一道闪电，CJD。

CJD，可以衍生出很多名字，除了我没有人知道这三个字母代表的是陈嘉栋。

就像很多人在课桌上刻喜欢的人的名字的缩写，会觉得很有安全感，全世界只有自己知道的小秘密。

以陈嘉栋的成绩，考一中是没有问题的。所以为了掩饰我的小心思，我提笔写了和小然一样的心愿，一中等我。

也许爱情真的有激励人向上的力量，之前上二中有点儿危险的我竟然也达到了一中的择校线，而且运气很好地和陈嘉栋成了同班同学。

我小心忐忑地等待再遇见的时候，他拽着我的头发，亲昵地叫我小番茄。可是令人失望的是高一整整一年陈嘉栋都没有和我说过一句话，哪怕是"你也来一中了啊"这样简单的同学之间的问候。

直到某一个傍晚，教室里走得只剩下我和陈嘉栋的时候。我忐忑地叫出他的名字，也不过是想确认一下，分班之后他会不会继续留在理科班。

但是他愣了三秒钟，然后丢出一句让我哭笑不得的话："唉，你认识我？"

原来，不是没有机会说话，而是根本就不记得了啊。

那一瞬间，我有一种神魂分离的感觉。中考前的熬夜，每天兀自按捺的小情怀，整个初三暑假为陈嘉栋追过的动漫，都失去了存在的意义。

原来一切只是我一个人在自导自演，另一个主角老早就离开了。

楼下的狮吼把我拉回了现实："陈嘉栋，篮球你到底打不打？"

"打！"声音还在教室里，他已经跑得没影了，留我一个人傻傻地站在原地很久。那句"如果以后还能同班，我会很开心的"自然也来不及告诉他。

那次之后我感冒了整整两个月，整个人都是迷迷糊糊的。可是感冒好了之后，我突然就释怀了。

是谁说，每个女孩儿在遇见一场真正的爱情之前都会遇见一个浑蛋，才能真正成长起来。

我也感激着暗恋的时光。

因为他是数学课代表，所以我开始拼命学数学，一直自认对数字不敏感的我竟然也考了几次数学满分。

又因为他喜欢看日漫，所以像模像样地学了几句日语，偶尔不经意爆出来被朋友夸可爱。

……

在那些日子里，因为太渴望有一天能够和他并肩站在同一个高度，哪怕不是以恋人的姿态。所以一直在努力地汲取营养，让自己变得优秀起来。这些都是暗恋赋予我的积极意义。

终有桑田替沧海

草帽儿先生

契 子

天空有些阴沉沉的,我坐在教室里。在课桌上堆了一摞厚厚的书,阻隔了老师投来的探究目光。

小心翼翼地把耳机从外套的袖口抽出来,顺到掌心中,把手掌覆在耳朵上。乐音就这样流淌进了耳中,是宫崎骏的《天空之城》。这是你帮我下的歌。当时我删了所有歌曲,只留下它,翻来覆去地听,你却只是淡然一笑,说我偏执。

伴着音乐旋律,我慵懒地侧过身子靠在墙上,习惯性微偏过脑袋望向你。你正斜着头看向许一晴的方向。心底忽然掠过轻浅的疼痛,收回目光伏在桌上。轻小七,我们会不时相视一笑的日子是在多久之前？

黄金爆头，孽缘起始

记得初一刚开始上课时，我常扔纸条给你同桌，帮他出主意追女生，你的大脑袋却总阻挡了纸团儿的自由落体运动，成为纸团儿的着陆点。其实我真没打算砸你，至少前几次是没打算的。

古人云："积少可以成多。"古人亦云："狗急跳墙。"于是在某个下午，又一纸团从你脑袋上蹦跶过去后，你暴怒地吼道："那只叫苏白的兔子，你给我站起来……"讲台上，班主任努力地瞪大他的小米粒眼睛，以更大分贝的声音吼向你："那位叫作轻小七的同学，你给我坐下去！"

接下去的事情我没有参与，你到底受到了哪种待遇，我至今没敢询问，只是听说，那段时间，班主任的老婆正处于更年期，天天给班主任气受……阿弥陀佛，罪过罪过！

后来你玩CF（穿越火线），戏称那纸团是"黄金爆头"，我就笑，孽缘呀孽缘。那次事件之后，拜你所赐，全班都知道苏白有个外号叫兔子。

你的滥好人习性那时已经有了吗？虽然是仅知道名字的初一新生，你也没有举报我的"恶行"，而是自己领了班主任的惩罚，代我受过。

天已黑已黑，兔子有人陪

初二时，不知因学校的什么政策，我们原先所在的班级解散了。很幸运的是，咱们被分到了同一个班级，许是为了照顾"无班可归"之人的情绪，老师安排你成了我的后桌。

那当真是有种他乡遇故知的感动，我们很快就混熟了，上课不时讲七讲八，天南地北地胡扯。还记得，你问我喜欢什么样的男生，我认真地考虑许久，说："什么样的都喜欢。"于是你伸出爪子扯我衣服后的帽子，一副恨铁不成钢的模样训导我："多情自古空余恨。"其实我的回答还有后半句的，只要是我喜欢的，我不在乎他是什么样子。

学校为了提高升学率，把我们集中起来"半吊子特训"，规定晚上要去上晚自习，前三节自习，第四节上课。

某日，上课的老师没来，同学们都跑回家去了，我们随着人群下楼，走到停车场我才发现，和我走同一个校门的只剩下你一个。晚自习一向都由我妈接送，已经打过电话告诉她我们提前下课，可是她还没来。你去车棚取自行车，我望着通向校门昏暗的林荫小道，迟疑着没有迈步，刚看的恐怖小说里狰狞的插画一幕幕地纷涌而来。我难为情地小跑上前,扯着你的衣袖问,可不可以陪我走过那条小路?你挑起眉笑眯了眼,说:"笨啊,坐上来哥载你出去!"

抱着书包爬上单车后座,没有滞住呼吸,也没有脸红心乱跳,只是满心欢喜。轻小七,你是否明白,天际乍明的那种感受?

看着道旁的树一棵棵从我身旁掠过,很快就出了校门。校门口没有路灯,也没有人,我于是硬趴在你车上不下来,死乞白赖地要你陪我一起等我妈。你一副悲戚的模样大呼小叫:"死兔子,这方圆十里连人影都没有,咱们孤男寡女的,合适吗!"比起你张牙舞爪的抓狂,我倒显得十分淡定,幽幽冒出一句:"你一直说我不像女生的……"

我妈因为事情耽误了将近十五分钟,这期间你一直嚷嚷要回家,却还是陪我到我妈来的那一刻。

那日,我在日记本上一笔一画地写下:"轻小七是个刀子嘴豆腐心的好人。"

嗯。好人。

如果有如果,哪里是尽头

有一句老话叫什么来着?近水楼台先得月。"晚自习事件"后,咱们这前后桌更是坐实了"狐朋狗友"之名,上课高谈阔论已不足为奇,时间一长,老师们也都麻木地随我们折腾去了。

我听闻小镇上的洛神桥十分漂亮,想去,只是苦于不认识路。你便提议下节课逃课,带我去玩。我不假思索地点头应好,现在想来,当时是有多大的勇气,纵使我离经叛道,却仅限于偶尔不交作业,偶尔上课聊天,传纸条,从未逾越。

跟门卫爷爷说回家取课本,顺利地出了学校。空气中弥漫着淡淡的干草气息,我坐在车后座上晃悠着双腿,忽地想起曾看过的一段文字:每个女孩儿都会喜欢上骑着单车载你漫游的男孩子,因为单车上的浪漫是爱情所独有的,只属于恋人之间才有的美妙画面……

脸颊渐渐开始发烫,我赶紧摇头甩掉这些乱七八糟的想法。你忽然从前方伸手过来拍了拍我的头,条件反射似的,我立马狠狠地在你的腰间掐了一把,引起你一声惨叫。你把单车往路边一停,回头瞪我:"喊你那么多遍不应就算了,好心帮你招魂还惨遭你毒手!死兔子!话说,你刚才在想什么?那么入神。"你好奇地凑过脸来,眼底写满了探究。"啊,没什么啊,"我心虚地撇撇嘴,赶紧岔开话题,"你刚才叫我干吗?""我说,我们这样像不像私奔啊?啊!"我又在你腰间掐了一把,才发现原来我有一种情绪,叫作恼羞成怒。

你继续蹬着单车，不时回头抛一个白眼给我。我嘴角的弧度越拉越大，因逃课带来的些许不安也被掩埋了。真的是很好的天气呢，我眯着眼仰起头，阳光照在脸上，暖暖的。要是这条路没有尽头，那该多好。

可是，干"坏事"的我们貌似得不到老天爷的眷顾。逃课逃了一半的我们，却迎面遇上了恰巧要回学校的老师，被当场抓获。于是游玩的计划夭折了。

我想我已知道结局

一切似乎都是顺理成章的，我们逃课彻底惹怒了老师，然后我们座位便被调开，隔了两组的距离。

刚开始，每次下课，只要找到空闲我便乐颠颠地跑去"串门儿"，没话找话，只是喜欢待在你旁边。可是呢，你似乎并不欢迎我了。当班里开始疯传我们的流言，你叫我别总过去了。我沉默良久，问你："怕那些流言吗？"你却摇头，说："影响不好。"

我看见你站在许一晴面前，嘴巴一张一合，像极了吐泡泡的鱼。你每个课间都去找许一晴了呀，以不顾流言蜚语的姿态。所以，其实不是怕影响不好，只因我不是她罢了，不是吗？

轻小七，我们是那么相似，在喜欢的人面前都显得那样卑微，都找了烂透的理由去搭讪，借笔借书借橡皮借笔记借计算器。不同的是,我的顺从被你忽视了,你的讨好却让许一晴有所青睐。

你的单车成了许一晴的专属,你会穿过大半个小镇送她回家。我知道我再没机会坐上你的单车,未告白未说爱,我便已知道结局,一直是我一个人谱写的单恋曲。

"I will find someone like you."有一句很美的翻译:终有弱水替沧海。可是我相信,失去了沧海的我,终将会找到桑田来取代他,而非用弱水将就。

但是现在,我还是想告诉你,轻小七,我喜欢你。

优 质 同 桌

池 扊

我叫黄暖子,性别女,身高一米六五,体重徘徊在五十公斤上下。长相平平、成绩平平、人品平平,总之啥玩意儿到了我这里都是平平。可能是老天爷也觉得对不住我了吧,便在开学那天托梦给班主任,给我安排了一个啥都不平平的同桌——性别男,身高一米六八,体重四十九公斤。长相优质、成绩优质、人品优质,啥玩意儿都优质的大帅哥!

要知道我黄暖子打小就受咱姐的熏陶,饭可以不吃,觉可以不睡,但,帅哥这种生物不可以没有!

正当我戴着眼镜仔细观察这位叫顾北辰也就是我的帅哥同桌时,他侧着的脸微微动了动,然后慢慢地转了过来……天啊!天啊!他是要和我搭讪吗?我顿时感觉到我的身边涌出了无数的粉红色泡泡,而泡泡里全部都是他那张大帅脸。

但是，在下一秒，泡泡全部碎了。他说："同学，你的口水快要滴在我裤子上了，可不可以擦一擦？还有，你的肩带滑下来了。"

我和顾北辰相处几个星期下来才发现，其实帅哥不是全部都像言情小说里描写的那么冷漠、高傲、邪魅，顾北辰就是例外。他不仅不具备言情小说中所有帅哥的性格，相反，他还有些……有些……有些"二"！

比如——他刚打完球回来就一屁股坐在我的位子上，拿起我桌子上的半瓶矿泉水，拧开瓶盖就往嘴里灌，喝光之后好像感觉到有些不对，因为四周的人全部瞪着八百度的近视眼用看美女的目光盯着他，他这才反应过来，他不但坐错了位置还喝错了水。他先干咳了两声，然后慢慢地移到他自己的座位上，再然后从他的书包里掏出一瓶矿泉水，凭着记忆把它喝到之前我的那瓶水同样的剩余水量，最后，把瓶子放到了我的桌面上的同样位置！

做完这一切后，他用凶狠的目光、凶狠的表情、凶狠的语气警告周围的人不准把这件事告诉我，但他怎料到在教室后面出板报的我目瞪口呆地看完了这一切！当然，后果是——我逼着他承担了我一个月的买水费用。

再比如——物理老师是校长，所以所有人都一本正经地听课、做笔记，唯独他昏昏沉沉的样子混在热血沸腾的人堆里,实在是太刺眼了!校长叫他起来回答问题,他迷迷糊糊地站起来了,我以为校长会出什么特难的题呢,结果他问:"顾北辰,一千克的棉花和一千克的铁比起来,哪个更重些?""一千克棉花。"

全场寂静几秒后,我捂着嘴巴"噗"了几声实在憋不下去了,就放声大笑起来,整个班都笑得死去活来,只有我们亲爱的校长一脸似笑非笑地看着顾北辰。

我一直觉得顾北辰就是我身边的太阳,而我就是一个借着他的光而发亮的月亮。如果离开了这个太阳,我就只能平凡而卑微地在班里生存。所以当我收到隔壁班一个叫江元昊的男生的纸条时,那么受宠若惊。纸条上的意思大概是说,他每天下课的时候都会在走廊上晒晒太阳,从他那个角度可以看到我时而大笑、时而噘嘴,时而和我同桌顾北辰大打出手的傻傻模样……纸条最后,他说今天放学后想要跟我一起回家,他说他想要好好地和我说说话。

看完后,我感觉到我的脸在发烫,又仿佛有一阵暖风从心底拂过来又拂过去,我坐在座位上呆呆地看着这一张草绿色的信纸,嘴角不禁上扬,这毕竟是我从小到大第一次从男生那里收到这样的纸条。

我突然感觉到了什么,赶紧向班门口望去,一个穿着格子衬衫瘦瘦高高长相清秀的男孩儿,正靠在走廊外的栏杆上看着我,然后是一个长达十秒的对视,再然后……再然后上课铃响了,他冲我笑笑就走进他的教室。我还在出神地望着那里,因为他那一笑太有杀伤力了!美得惊天动地啊我的七舅姥爷!

"傻妞儿,你发什么呆呢?十分钟不见本大爷太想我了吧,没事儿,本大爷理解,毕竟……啊!痛!你干什么!"我扬扬拳头,没好气地对他说:"什么啊?你以为你是谁啊?"顾北辰拉开凳子揉着脸坐了下来:"黄暧子我告诉你,像你这样的小老虎肯定没有谁会要你的!""你说什么?""就说你黄暧子!小老虎!"不可避免的,一场世界大战爆发了。正当我们打得火热的时候,坐在我身后的小胖从作业堆中抬起头淡定地飘出一句话:"小老虎也有人要的,隔壁班的江元昊不就看上了黄暧子吗?"说完又淡定地埋下头继续写作业。

我愣了一下,一把拍掉正揪着我头发的顾北辰的手,抬起手把小胖的耳朵提得老高:"你怎么知道的?说!是不是你偷看了什么东西?""没有……没!痛痛痛!那张纸条是江元昊要我放到你桌子上的,我当然知道啊!"我赶紧松开手,但一秒后我又重新提了上去,因为这小子把这么重要的事情给说出来了!正当小胖连声喊"我错了、我错了"的时候,顾北辰看着我,用一种很严肃的声音问:"他说的是真的吗?那个江元昊真的递给你纸条了?你准备怎样回复他?"我没好气地回他:"关你什么事?"说完我就转过身看书了。

我魂不守舍地过了一下午，下课铃响的时候还在发呆。"暖子你还在发什么呆啊，快点儿收拾书包，我还要早早回家吃我妈做的烧饼呢。"小艾过来拍拍我的肩膀。"小艾啊，那个，我今天有点儿事，要不你先回家吧……"我支支吾吾地开了口。"哦，好吧，那我先走了啊……"小艾说完就走了，我长吁一口气，拍拍胸口，刚才真是紧张死了。

"还真会说谎啊，是要去见某人吧？"欠扁的声音传入我的耳朵，我此时头也不用抬，就知道在我旁边的一定是表情臭臭的顾北辰！我胡乱地收拾好书包，站起来推开站在我面前的顾北辰，匆匆地对他说了一句"要你管"便离开了教室。

在经过隔壁班时我漫不经心地朝里面看了一眼，发现里面一个人也没有，我撇了撇嘴，心想男生的话还真信不得，然后慢悠悠地往校门口走去。

快要出校门口时，我一眼便看见江元昊正倚着墙，他似乎也看见了我，对我笑笑，朝我走了过来。"嗯……黄暖子今天我们一起回家吧。"讪讪地，他先开了口，脸上竟闪过一丝红晕。

我忍住笑："好啊。"我轻轻地说。快要到我家时，他支支吾吾地开了口，我猜到了他想说些什么，就拍了下他的背："嘿，汉子，我觉得我们有很大的发展空间成为哥们儿！""啊？""怎么不愿意啊……"我摆出一副受伤的表情，一边不时偷瞄江元昊的脸。他沉默了一会儿，随后又轻轻地笑了，一如刚开始他对我笑时一样干净和阳光，他挠挠头像是自言自语："其实成为朋友也不错啦。"他说完冲我摆摆手转身走了，我看着他沐浴在阳光下的背影不由心情大好。

　　随后我转过身对着离我不远的一棵大树挑挑眉："顾大少爷，人都走了你还看什么呀？话说跟踪好玩儿吗？"话音刚落我就看见顾北辰顶着一头欠扁的发型，从大树后冒出来。"我……"他挠挠头，"我这不怕你……"

　　"怕我被人拐了？"我抱着手臂撇着嘴巴看着他。

　　"对呀对呀，你看吧，那个姓江的虽然愿意和你做朋友，但是就不代表他以后不会对你怎么样是吧，而且他一看就不是什么……"

　　"顾北辰你居然敢贬低我兄弟！"

　　"啊！你怎么又打人！痛！痛！"

　　"你别跑！给我站住！"

　　……

　　我甩着书包追着顾北辰打，心想，我和你的故事一定还没有结束！

二百八十六步的距离

穿围裙的兔子

二百八十六步的距离,虽然很近,却无法逾越……

壮壮的咸鱼干

"你是猪吗?真笨!"这是阿一对兔子说得最多的一句话。阿一的脸就像钻石切割面,其精致程度可以想象,当然,其冰冷程度也不可估量。这是兔子对他的评价。

没有偶像剧里那么多邂逅,阿一与兔子住在同一个小区却很少遇见,只是偶尔在放学路上碰到。兔子计算过,他们之间其实只有二百八十六步的距离。每天阿一都会骑自行车上学,往往阿一已经到了学校,兔子才迈出门。阿一有个聪明的头脑,可是兔子却笨笨的。虽说两家住得很近,兔子却觉得好远。放学遇到阿一总是兔子在不停讲话，而阿一面无表情，让人觉得难以相处。没有人知道阿一是怎样的一个人，也没有人知道他心里到底想着什么。

有时彼此会发发短信吹吹牛，大部分都是兔子没事儿找话题，往往她得到的回复都是"哦"或者"嗯"，有时甚至都收不到回复。一天，阿一发短信给兔子："你觉得我的身材是壮壮的还是咸鱼干类型啊？"面对如此"出格"的短信，兔子大惊："哈哈，你是壮壮的咸鱼干小朋友……"于是"壮壮的咸鱼干"就这么叫了起来。似乎阿一在现实中没有那么开朗，或许他是双重性格的双子座。

每个女孩儿的青葱岁月里都有那样一个人

是不是在每个女孩儿的青葱岁月里都有那样一个人，你总会记得他的喜好和说话的语调，多少年后想起那个人会忍不住嘴角微微往上翘？兔子想，阿一便是这个人吧。阿一，多少年后，你还会记得我吗？阿一是个"体育控"，他喜爱穿运动服，似乎一年四季穿的都是黑色。不苟言笑的阿一对于兔子来说是个秘密，如此神秘的"冷酷男"最能吸引喜爱挑战的白羊座了。其实兔子也是个与不熟悉的人话很少的女孩儿。"熟人面前像个疯子，陌生人面前像个呆子"说的就是她。可是如果两个人都不讲话，那么这样的气氛一定尴尬死了，所以兔子与阿一结伴回家的时候都会说个不停，连她都不知道自己说了些什么。

元旦，兔子提笔写了张明信片给阿一，尽管几乎每天都能遇见，但她还是想猜测一下阿一收到卡片时的表情。两星期后，兔子收到了阿一的回复，认真的黑色中性笔笔迹下还能看到铅笔的字印和打过线条被擦去的痕迹。阿一，你是以怎样的心情来书写的呢？此刻你又在干什么呢？兔子手捧他的字迹透过窗户看着远处他房间的窗户想着。像是两条平行线，两个人在各自的轨道里生活，偶尔在桂花树旁相遇，抬头，她莞尔一笑，遇到眉眼低垂的他，然后她看着他渐行渐远。其实每个人都有一个气场，散发着自己独特的影响力，就像是电磁波，干扰着周围的人。糟糕了，兔子已经进入了阿一的磁场了……

她只是我的邻居……

阿一总是形单影只，很少看见他与别人一起走。兔子听说他都不怎么和女生说话的，这不免让兔子偷笑了一下，这么说，在他心中，自己会不会有那么一点点不同呢？因为可以在放学路上遇到然后一起回家，他在左边，她在右边。可是兔子错了，因为在他们班开始传他与她的绯闻的时候，阿一的一句解释让她心寒了："她只是我的邻居，其他的什么都不是。"其他的什么都不是……这句话缠绕在兔子的心里，像是一根根有毒的刺，朝着她柔软的胸腔扎去，原来，连朋友都不是啊，只是没有丝毫感情色彩的"邻居"。

　　经过这件事后,仿佛两个人之间有了一丝改变,平时只要阿一在兔子前面不远处,兔子总会冲上去打一下阿一的左肩然后站在他右边吓他一下,等待他说一句"我知道你在我后面,你的动作好白痴的"。或者当看到阿一在前方时,兔子打算喊他名字的那一刻,阿一总能正巧回头找寻她。可是现在呢?就像兔子在日记里写的那样:"曾经的你总能感受到我在你的附近,我也习惯了你的回头找寻,而如今的你不再给我一个回头,我却始终对你微笑……"

　　日子就这样不断地朝身后退去,兔子每每看到阿一骑车听着音乐在前面,总会放慢速度跟在他身后,保持着六七米的距离,就这样一前一后地走进小区大门,他向右转,兔子左转。或者兔子故意超过他,只为等待着阿一叫她的名字。可是一连过了两个红绿灯都听不到那个熟悉的声音,等到她再回头的时候,茫茫人海早已没有他的身影。其实,他看到她超过他后便改变了路线。兔子生气了,将他的手机号、QQ号全删除了。以前,阿一总是让着兔子先进大门;以前,兔子在分手的拐角处说再见都不敢回头;以前,他们各自上学的时候都习惯向对方家的方向望一眼,看另一个人会不会正朝着大门方向过来;以前,兔子晚自习放学回家怕黑,但是与阿一一起走就不怕了……

随之而来的暑假对于宅女宅男来说即使是住门对门，也不一定会看见，更不用说他们了。偶尔写作业写累了的时候，兔子会望一眼他家的方向，他看书看倦了的时候会不会也看一下他窗外的东北角处呢？沉淀了一暑假的心情，兔子思前想后还是决定要找回从前那种与阿一友好相处的友谊，于是一开学她便开始寻找他，反复练习着微笑与说话的语调。可是连续好多天，她都没有找到他。兔子鼓起勇气去阿一的班级找他，可是却得到了阿一去徐州的消息。

原来阿一计划高三去徐州练散打，然后去考北京体育大学。原来他暑假便打理好了一切；原来，兔子暑假经常望的那个窗户里面一直没有他；原来，有些人错过了，就是永远地错过了……

兔子开始习惯晚上没有阿一的陪伴，怕黑的时候将电动车的车灯打开，走到平时分手的那个拐角还是习惯对着空气说一声"拜拜"，上学时还会看那个方向会不会有一个穿着一身黑色的少年听着MP3骑车过来，写作业写累的时候还是习惯看一眼那个窗户，看过才知道某人已经不在，然后吐一下舌头，继续与高三复习资料对抗。

要你幸福

兔子就这样一个人上学、放学，一天她的朋友拉她去放孔明灯许愿,路过曾经经常与阿一分手的那个拐角向左转时,闻到了一阵扑鼻的香味,她鼻子一酸。阿一,你知道这棵桂花树又开满了桂花吗?去年的这个时候,我还问你这是什么树怎么这么香?你淡淡地说,猪啊,这是桂花。现在的你住的地方是不是也会有桂花飘香呢?看着孔明灯慢慢升空,然后消失不见,兔子想,阿一,远方的你会看见吗?这上面写着,要你幸福。

记住，要忘记

二 笨

1

请问，狗血是什么？

答曰：在正常情况下，所有发生概率最大、最频繁、最恶俗，也最让人没有意外的桥段，统称为狗血。紧张地扯扯衣角，你开始怀疑，难道你这养在深闺人未识的万年路人甲，也要翻身农奴把歌唱，一脚踏进"狗血门"啦？！

幻觉！一定是幻觉！

"喂，说话呀，你到底去不去？"催促的声音再次传来。天气太热，后桌的李铭等答案等得有些不耐烦，伸手不知从哪儿掏出个电动小风扇，对着自己吹两下，又对着你吹两下。你的后背瞬间僵直，只是几秒，又无力地瘫软下来。

认栽了……你在内心愤怒地号叫。付、诗、婕、你好样的！你居然学人家玩一见钟情！真是"一见"也就罢了，你居然看都没仔细看，只不过听见他说他想要你陪他去书店取全班同学新学期的练习册，就二话不说，五迷三道地缴枪投降了。你到底有没有点儿底线啊？！

"为什么是我？"你做不出西子捧心的姿态，只能在声音上尽量表现出柔弱。

"嗯？"李铭莫名其妙地瞟了一眼墙上的班级职务表，"这学期的生活委员不是你吗，难道我记错了？"

很好很强大。付诗婕，早就告诉你不要自作多情了吧。

2

幼儿园的阿姨曾这样教导我们，"放羊"的小孩儿是不乖的，答应别人的事情一定要做到。所以作为一名根红苗正的好少年，你十七年来一直都信奉着"人送我樱桃，我还人西瓜"的至理格言，这是一种多么伟大、多么崇高、多么令人发指的精神……啊！

"你好慢哦。"到了约定好的地方，抬眼就看到了路旁靠在自行车上的李铭。见到你，他的眉毛马上纠结地皱在一起,看样子在这儿等的时间不短了。

"哪有,还有三分钟才到八点呢!是你来得太早了!"你满不在乎地挥挥手,眼睛却不住地打量他身后的自行车。买书带这玩意干什么?不会真的是生活处处有言情吧?

"呦呵?"李铭的眼睛闪亮亮,"还会顶嘴了,咱班的同学可都说你连大声讲话都不敢呢。"

"你懂什么,那叫淑女!"不知为什么,只要和李铭待在一起,你就从头到脚地放松,反驳的话也一句接一句不住地往外蹦,"你带自行车干什么?"

"傻啊,全班共七十二本练习册。直接捧回来,压不死你!"李铭低头推自行车,没注意你走马灯般不停变换的表情。果然不能对他抱什么希望啊……你在心底为自己早夭的少女幻想掬一把同情泪。"那你一个人就够了,还叫我来干吗?"

李铭颇不耐烦地瞥你一眼,似乎在怀疑你到底有没有一个姓I名Q的东西。"我自己走没意思,叫你来就当多个乐子。"

你突然就明白了,原来在他眼里你和自行车一样都是实用型工具,它负责运输,你负责解闷。无意识地用鼻子"哼"了一声,你的眼神开始在街上乱飞,东看西看,就是不看身边这个大活人。这算什么,冷冻政策?

北风吹啊吹,眼神飞啊飞,可惜你的目光只自由了两三秒，就以飞蛾扑火的姿态，义无反顾地粘在了街对面的某个不明物体上。

出出出……出现了！

在武侠小说中我们常常看到这样的描述：此人一身黑衣，刀削般的脸庞透着一丝阴冷……每次看到这儿你都会琢磨，这刀削般的脸到底长个什么样。久而久之你也就绝望了，这种人大概根本就不存在吧。可是在今天，就在现在，你居然有幸见到了这位大侠……的弟弟。那人，那人居然长着一张刀削面一样的脸！

啊啊啊，好激动啊好激动，你的爪子不自觉地在身边人的胳膊上比画。"快看看看……""看什么看。"李铭毫不客气地拍掉你乱抓的爪子，目光随着你的视线方向看去……

"付诗婕。"

"欸？"

"我饿了。"

"什么？"

"看到他我就好想吃刀削面。"

……

3

在所有感情中，你一直觉得暗恋是最省事的一个。无毒无害无三角，绿色环保无污染。所以遇到李铭后，你毅然决然地选择践行暗恋这一方案。在班级，不主动与他搭话；在校外，偶遇也只是时有发生。就算他每次主动帮你整理班级里的杂物时，你也是简单地回几句嘴，用一脸平静来粉饰内心的风起云涌。直到……刘璐的出现。

狗血，非常狗血。眼巴巴地看着李铭自然友爱地招呼刘璐一起整理卷子，你的世界天雷滚滚，一片狼藉。

不住在月亮上还硬叫月老的那个老头啊，你真的可以再狗血一点儿！

偷偷瞄一眼站在李铭左侧巧笑嫣然的刘璐，你在心底感叹。输了，真的是输了。同样的校服，套在你瘦小的身子上像麻袋，穿在人家身上怎么就，满是青春的活力呢？在同样的一间教室里学习，你的成绩就上蹿下跳，乍一看比心电图都纠结，人家怎么就能站在珠穆朗玛峰的顶端，一览众山小呢？同样是站在李铭的身旁，你就卑微得像少爷出门随行的奴婢，人家怎么就光芒万丈，怎么看怎么是一对璧人呢？

悄悄地向右边挪一小步，你试图远离这美好温馨的画面，他们的对话，他们的气场，像是溪水与湖泊的交汇，不含一点儿杂质，不容一丝间隙，是那样澄澈，那样完美。亲爱的，你别忘了，自古才子都是要佳人来配，就算是灰姑娘也要有美丽的水晶鞋才能被王子看中。当主角都登场了，配角就该自觉离去，就像一盘棋已经下完了，谁又会去管最初的那颗棋子的死活呢?

你变得日益沉默起来。其实这样说并不准确,毕竟在别人眼中,你一直是沉默的。见过你开朗一面的那个人,视线已经不会再落在你身上了。或者说,他从来都没有注视过你,你只是他无聊时的一个乐子,这点你从一开始就应该明白。

那你还傻了吧唧地跳下去。

阳光很刺眼,你低着头,暗暗地骂自己。

4

当他又坐在后面喊你名字时,你惊讶了一下。但没敢吱声,怕又是一场自作多情。"给你的,圣诞节快乐!"后桌探来一只手,手上托着一块心形巧克力。你心头蓦地一颤,瞪大双眼生怕眼前的一切只是水中月,镜中花。"嫌不好啊?"李铭显然误会了你的反常,"那我也没办法了。我买了两份礼物,先让刘璐挑了,只能给你这个了。"

去!死!如果可以,你真想像所有言情小说女主人公那样,抓起巧克力,狠狠地砸在他脸上。可惜你不是女主,你只是个万年不变的路人甲,你没有骄横的权利。

"哦,是吗?那谢谢你了。"你头也没抬,把巧克力放回他的桌子上,"我不喜欢吃巧克力。"

"生气啦?"李铭眼睛眨也不眨看着面色古怪的你,"不至于吧?我也不是故意的。"

对,不是故意的。你微笑看着他:"我是真的不喜欢,而且从今往后再也不喜欢。"

付诗婕,你听清楚了。你说的,是再也不喜欢。再——也——不!

5

李铭,我想我要谢谢你。谢谢你的不是故意,让我明白我该死心;谢谢你曾经的友善,让我有了一段轻松美好的记忆;也谢谢你用行动告诉我,我们之间,有着我无法跨越的差距。

那么,李铭,我不许你再赖在我的回忆里。你的微笑是我曾经的光景,但是我现在要坦然地面对璀璨琉璃的年华。

李铭,我一定要忘记你。

波斯菊的快乐

郭杨莹

顾漫大步走上前把我拽到教室拐角处,双手紧握着我的臂膀不停摇晃着,低声问:"林零,你究竟喜欢什么样的男生啊?"在我的大脑还未完全将这段讯息处理完毕,嘴巴却不自主地说出:"希望是一个在被我看穿之前先看穿我的人。"

"哦。"顾漫应了一声算是表达听到了上面的回答,之后撇了撇嘴,抚弄着她新烫的大波浪头发离开了。我看着昏昏沉沉要死不活的天气,耸了耸肩,心里不住讥讽自己,刚刚那算是个什么鬼答案,是个人都会觉得很奇怪吧。

"你心里一定很不自在!"这句话划过教室外所有的喧嚣声传到我的耳中,他就这样双手插在口袋、眼神笃定地看着我,语气似不容我狡辩地说道。刹那间他靠着的墙壁白得晃眼。我在那一刻无法确定这句话是否对我而说，又为什么要这么说，只知阴霾的天气被一道闪光劈开，就像我的心一样。我抬脚走上前，谁知道他转身离开，我开始跑起来希望追上他，因为我的心里好像有什么尖锐的东西要破土而出，而他可以告诉我答案。

"林零你要死啊！都撞到我了，还不管不顾地往前冲！"顾漫用她尖细的声音大声叫道，似乎想吸引楼道所有人的目光来看我笑话，我焦急地握住顾漫的手，望着她的眼睛："顾漫，刚刚有没有一个男生经过这里？"我小心翼翼地问道。顾漫轻蔑地看了我一眼，不耐烦地挥掉我的手："你真的很奇怪呃！下课时间楼道人来人往，鬼才知道你说的是谁。"我盯着她的双眼想从中找出一点儿线索，哪怕是一丝不自然。"对不起，谢谢！"简洁有力的五个字回答结束了这段对话。

放学了，要好的几个人手拉着手谈笑风生地聚在一起往家走，说着今天新出炉的八卦，而我却肩背沉重的书包，用鱼泡似的眼球死盯着路面，仿佛这样回家的路就会变得短一些，再短一些，为什么？因为我叫林零，零朋友，零好运，零亲情，在我迄今为止走过的人生里，父母离异并各自重建新的家庭，我成为最多余的那一个。"昔日的朋友"因为我当时肚子疼没帮她买奶茶而与我绝交，所以希望时光平淡有时都成为一种奢望，因此我习惯了隐藏起自己的想法，习惯了把自己装得卑微懦弱，习惯看透别人而减少自己受伤的概率。

"你在这里？你干吗走得那么快，后面有狼追你？"语毕，他几个大跨步，就已站在我身旁。我的思绪被这一段话打断了，有些短路，只能无奈抬头望去。怎么是他？是刚才那个男生。当我明白了这个事实，我的心划过一丝异样，但脚步却加快。不想他双臂一拦，不由分说地自我介绍起来："你好，我是初二（C）班的洛林。""你好，我……我……"心里很想说但嘴巴却硬生生慢半拍，话语断断续续，想连成一个完整的句子都做不到。"我知道你，你是初二（B）班的林零。"蓦地，我的心就那样漏了一拍，像阴沉的天空被飓风吹了整整一夜，干净得没有一朵云，只剩下彻底的纯粹的蓝，不可抑制地渲染在心头上，同时被晕染开淡淡的喜悦。

开始进入楼道，就听见高跟鞋敲击地面的尖锐声。扑鼻而来的是太过浓郁的香水味。"你终于来了。"她庆幸地问道。"哦。"出于礼貌我机械地回应一声。"这栋房子的钥匙我丢了，你得借我配一把，你爸爸可真够狼心狗肺的，连房子的产权也和我争，我一定要先下手为强。"出乎意料的她把手放在我肩上，安抚地拍了我几下，又道："对吧？"我望着她的双眼，眼中的不安和担忧告诉我她急切地希望我站在她这一边，这样她争到产权的胜算会大些。我后退一步，把钥匙放在桌上，转身回房躺在床上。又过了会儿，只听她意兴阑珊地说："我走了。"顿时黑暗像冲溃了大坝的洪水从四面八方席卷而来，我被无情地扔在水中，洪水叫嚣着，充斥着我的身体，溺水的我只能不断下坠。

　　清晨起来洗漱，昨日种种都化成今天眼边淡淡的黑色，趴在桌子上看着张口闭口都能闻到碳酸味的化学老师讲着不可逆反应，长着一张符合杠杆原理的脸的物理老师满黑板写着加速运动的式子，一上午的时间就这样快速地溜走。我赶快把书本、铅笔盒扔进书包拉上拉链，不知道今天还能不能遇见那个叫作洛林的男生，心里有一丝希冀。"林零，我看你是真的想死了，两次都撞到我，是不是没爹没妈你就一点儿教养都没有啊！"陡然提高的音调响彻整个班级。顾漫不可一世地站在我面前，我知道她一直在找机会捉弄我。此时最好的脱身方法就是沉默不语。"林零，你真是人如其名，你现在不会连智商也化为'0'了吧。"顾漫一面笑一面讥讽地说。随即班上其他的人也跟着笑。等到真正走出校门时，手表的指针已经指向七点十五分的位置，道路上的车流来了一拨又一拨，连两旁的路灯都亮起鹅黄色的光芒照耀回家的人们。"果然先走了吧！"心里真的不悲伤，只是有一些落寞。"跟我来。"熟悉的声线在耳旁响起。他果断拉起我的手，紧紧地，逆着风我们就这样奔跑起来。温暖从掌心一点儿一点儿传递过来，我觉得只要被他拉住，无论向什么方向跑，都像在奔赴天堂。澄澈透明的蓝天下，映衬着大片波斯菊，白的、红的、桃红的，花姿柔美可爱，风韵撩人，纤细娇弱的茎上顶着一朵硕大的花，迎着风忽左忽右，像一个刚学步的孩子走在路上，走得摇摇晃晃，煞是可爱。有时只是一点儿微风也会使它摇个不停，花与花之间不断互相碰触着，仿佛彼此低低诉说些什么。

"好漂亮！"我不禁惊叹道。"两年前这里还是一片荒地，没想到现在已经长了这么多大波斯菊。"他声音柔柔地笑着说。"它们都是野生的？""嗯，可能是花籽被风吹到这里。"他用骨节分明的手摸了摸我的头，又附道："很强的生命力吧。"我用力地眨了眨双眼仔细去看："真想不到，看上去好像会随时被风吹倒。""虽然大波斯菊看起来是这么温婉娇弱，但就算被风吹倒了，还是会不认输地重新绽放，它看似柔弱，其实很坚强，在娇弱的外表下，有着意想不到的刚强本性，让它在野外持续绽放。"他意味深长地看着我："所以大波斯菊的花语是——坚强，努力生存、绝不放弃的坚强。"我的手指微微动了一下，犹如深藏在心里多年冰冻不化的湖，突然春暖花开，似乎还有小鱼在湖水里游来游去，吐着泡泡，带着不知名的情愫。我看着在风中摇摆不定的大波斯菊，露出一个纯粹的微笑。

于是洛林就这样出其不意又理所当然地出现在我的生命里，所以回家的路就变得不再漫长，所以我认识了一个很好的女孩儿徐梦，所以我变得胆大敢和顾漫吵架，所以我变得勇敢起来，不再对父母言听计从，仅仅因为他在我身旁。

而之后所有的故事，像极了电影中惯用的那种慢镜头，一点一滴，细水长流，草长莺飞之中就已毕业。那天班级大扫除，我意外发现放在抽屉中的大波斯菊香袋，淡淡香味，萦绕鼻尖，一如当初。

路过一家花店时，准备过去问问该如何保存，只听到花店老板说："小伙子，你为什么不买玫瑰，而买大波斯菊？"小伙子顿了顿，"因为我现在还给不了她幸福，所以我现在只能期望她每天快乐。"那一刻小伙子的眼睛如星辰般璀璨。

后来，我才知道大波斯菊还有一个花语：希望你快乐。原来我早就被看穿了，原来我心里不知名的情愫叫喜欢。

那一刻，我泪如雨下。

梦里不知谁是客

红 薯

那天晚上我做了个梦。

梦里又回到上次校冬运会上。陆北喘着粗气站在终点线那儿很灿烂地望着我笑，我脱下毛茸茸的手套伸手去摸他的脸。

早上醒来的时候头很晕很痛，真像被驴踢了似的。钻出被蚊帐捂得严严实实的床的时候，脑海里突然又浮现出梦里的情景。陆北站在那儿，喘着气笑得很使劲儿。

我站在阳台上晃着脑袋刷牙，想让自己清醒过来。刚好一室友起床推开门看见我狰狞的模样，用很怪异的眼神看我说："你昨晚抽一晚上疯了，今儿个还一早跟患了21三体综合征（一种遗传病。患者因为缺失一段21号染色体而智力低下，通常出现奇怪面容）似的，你受刺激了？"

我呸一下把嘴里的牙膏沫子吐到水槽里，白了室友一眼："谁21三体综合征啊？"转身把牙刷放在嘴里鼓捣了好一会儿又觉得不对，转身又把牙刷从嘴里拔了出来，"什么我昨晚上抽一晚上疯？"

室友拿着她那洗面奶把自己抹得跟白骨精似的，闭着眼说："你昨晚一点多的时候躺在床上撕心裂肺地喊'我喜欢你，我喜欢你呀'，我们几个都听见了。我说你平时也没有说梦话这习惯啊，咋就不鸣则已一鸣惊人呢你？对了，快告诉我你昨晚梦见谁了……"

昨晚的梦又浮现在脑海里，像放纪录片似的，很清晰地一点儿一点儿慢慢重现。

我和陆北认识的那一天就刚好碰到一个女生跟他告白。没错，陆北就是那种女生缘特好的随便穿一件矫情的白T恤就能冒充白马小王子的男生。不过我有一个特性，就是记不住人的脸，术语叫"脸盲症"。所以我从来记女生只记发型，而对于全都剃成小平头的男生们我觉得全都长得一样。以至于当我逛街时我会觉得满世界都是多胞胎。而那天之所以记住了陆北，主要是他在一群穿得灰不溜秋吊儿郎当抹鼻涕的小子堆里穿了一身儿白。陆北被那么一衬托，瞬间就引人注目了。

然后我就和那"一身儿白的小子"成了哥们儿。

我常对他说："陆北，你觉得幸运不？你是我开学第一天记住的男生。"

陆北特鄙视地看着我说："我觉得我霉透了。"每当他说这句话的时候脸都扭曲着,让我很快联想到电视上那满脸褶子的大猩猩。

那时我和陆北关系特好,好到我时常把他当成我妹。

对于我时常把他当成我妹这事儿,陆北一直很火大。他说:"再怎么我也是一纯爷们儿啊,怎么就成你妹了,我可是迷倒万千少女的白马王子啊。"我听见他这话的时候正在向喉咙里倒那不上火的"王老吉",一口气差点儿没提上来,手一抖剩下的"王老吉"全倒陆北身上了。我喘着气说:"啥?你迷倒万千少女?还白马王子?送你匹白马你顶多也只是唐僧吧。"陆北哭丧着脸抖着衬衣上的水珠子说:"那唐僧还迷倒了女儿国国王呢。"我说:"对,还有白骨精。"陆北被我这句话噎住,半天想不出什么话回击,憋得满脸通红,像菜市场叫卖的西红柿似的,笑得我直咳嗽。

小城镇、小学校、大班级,总之那时整个班、整个年级、整个学校都特乱。我还记得有次班主任查抽烟,班里九十多人就只有二十几个没抽过。班主任这一查弄得班上人心惶惶,下课急着去厕所的人数锐减。我也见过陆北两根手指头夹着香烟吐出一圈一圈淡淡的白雾,想起前几天还有男生勾肩搭背地和陆北相约"上厕所"回来后一身烟味儿。我看着他烦躁不安地坐在座位上扭来扭去就想逗他。我扔了一块口香糖过去说:"哎,小子,你说这老班的禁烟令咋还治好了不少人的尿频尿急啊?"陆北不知道说什么话回我,就拿眼瞪我。我想他眼睛要是能杀人我铁定千疮百孔了。陆北瞪完了就剥了口香糖一个人埋头面目狰狞地嚼,像一头愤怒的小狮子。我看他这样子更开心了,就开始得寸进尺说:"哎哎,你轻点儿,别弄得跟口香糖有深仇大恨似的,你想过人家口香糖的感受了吗?"陆北听了这话停下了咀嚼,又开始瞪我。于是我就在他愤怒的目光里乐颠颠地把作业本撕了叠纸飞机玩儿。

怎么想着想着又想起上个冬运会了。对,也就是那个梦。那个梦特别真实,跟实际发生的一模一样。

我也梦见了冬运会前,我说:"陆北呀,姐姐我要去参加跳高你去给我加油呗?"陆北拿眼白瞪了我一眼说:"我还要跑三千米呢。"我拍拍他肩头说:"哎呀,姐姐到时候亲自去终点处迎接你凯旋。"

冬运会时,田赛和径赛安排在一起。也就是说,当我站在跳高杆子前瞪眼的时候陆北也正在起点处伸胳膊伸腿呢。天气很冷,我穿着厚厚的红色羽绒服一点儿也不像个跳高运动员。别的女生都露出胳膊腿儿奋力一跃跳过去后又抖得像手机震动似的把外套披上。只有我裹得像只熊在跳高杆前用两条短腿蹦跶着,现在想起来也很有喜感。但是毕竟我也只是被老班临时抓来凑人数的还裹着羽绒服,任凭我蹦跶也过不了一米那个坎。给我来加油的叫顾林的哥们儿听到裁判说严颜还有一次机会时急了,在人群中张牙舞爪地喊:"你把衣服脱了啊!你脱了啊!你脱你脱！"人群瞬间就安静了。我特无语地脱下外套扔给他说："你就说脱外套呗……"脱了外套的我身轻如燕啊，一下子就蹦过去了。蹦的那一下我听见男子三千米起跑处发令枪响了，一片"加油"声铺天盖地而来，我还看见陆北他们班的举着班旗的陪跑员把班旗舞得风生水起。

等我这边被淘汰后，陆北还有最后一圈。我就拖着顾林去终点处等陆北。终点处被人满满围着，里边有几个女生在尖着嗓门叫"陆北加油"。人很多，挤不进去。我突然想起小时候在幼儿园抢营养午餐的感觉，怎么挤也挤不进去，又怕等挤进去了营养午餐都被别的小朋友抢光了。顾林在前面像螃蟹似的横冲直撞硬挤进去了。我向跑道一望，就看见陆北一个人跑在最前面，嘴张得老大像一条缺氧的鱼。我说："嘿，陆北这小子还有点儿运动细胞，像我。"顾林白了我一眼说："还像你？不知道是谁中考跑八百米时跑得要死不活差点儿晕过去呢。"我没空儿跟着顾林贫，现在我只希望陆北是第一个冲过终点线的。陆北张着嘴开始冲刺，旁边一女生很配合地开始尖叫，声音像脖子被人卡住了似的。然后我看见陆北张开双臂做了个怀抱祖国的动作冲过了终点线。我兴奋地拍着顾林说："顾林顾林，陆北第一，陆北第一哎！"我挤开人群向陆北走去，陆北喘着粗气看着我，露出一个很灿烂的笑容。我对着他高声说："陆北你小子……"突然我感觉被人狠推了一把，重重地摔在塑胶跑道上。人群一下子湮没了陆北的脸。透过人缝，我看见陆北的白色身影晃了一下，立马又清晰地听见一个女生的声音——哎呀，陆北，你小心点儿，来，我扶你。

相信生活中也会出现慢镜头吗？这不过是一瞬间的事，可我觉得从陆北使劲儿地对我笑，到我向他走去，再到我摔倒，最后看不见陆北，真的就像那些狗血电视剧里的慢镜头。我呆呆地倒在地上，觉得身上很多地方都麻麻的，起不来。然后我听见顾林焦急的声音，他喊："严颜，严颜，你在哪儿啊？"然后他看见卧在跑道上的我，着急地扶我起来检查我的伤口。我刚脱了手套的手在干燥的天气里硬生生擦在了塑胶跑道上，右手手心血模糊了一片，触目惊心。顾林急忙从口袋里拿出卫生纸给我握在手里，说："严颜你怎么摔了啊？"我待了很久才回过神来。这是什么感觉呢？感觉胸腔里都空了，一下子特无助特害怕，就像小时候过年时妈妈拉着行李箱拉住我说不和你爸过了的时候的感觉，一下子像一个人掉进了深渊，又像周围的氧气被抽光一样，怎么会有这种感觉呢。

顾林看我不说话，说："严颜你该不会摔傻了吧？"我一下子就哭出来了，我哭着说："这是什么狗屁事儿啊，演电视剧怎么的？！"

……

可是梦里还有些不一样。梦里，我哭着去找陆北，最后在陆北班上找到了他。我站在他们班门口向里望着，看见陆北被一群女生围着,脖子上搭条白毛巾,手里捧杯热奶茶,被伺候得像个少爷似的。我看着陆北和那群女生聊天,很安静。一会儿有一个女生发现我,过来问我说:"哎,你哪个班的啊?别班的快出去。"我看着陆北,陆北也看着我。我突然冲过去抱住他说:"我喜欢你,我喜欢你呀……"

我喜欢陆北?搞什么啊!我敲敲自己的头走出教室,刚好碰见陆北从他们班出来往厕所那个方向溜达。我叫他:"哎,小子。"陆北茫然地回过头说:"什么事?"我瞅着他呆呆的表情,笑着说:"哎,我发现我跟你特亲,我喜欢你。"陆北瞪大了眼睛说:"啊?"我剥了片口香糖塞嘴里不看他,说:"就像喜欢我妹子一样。"

陆北说:"我跟你说了我是一纯爷们儿,我是迷倒万千少女的……"我抬起头笑着打断他,说:"小子,快上课了,还不抓紧时间上厕所去?"然后我慢慢走回教室。

对的,我对陆北,我一直都觉得他……像我"妹子"一样。

那 只 猫

柯一梦

1

遇见他是在春暖花开的季节。

数学课上，他华丽丽地出现，你便觉得这一定是一个有趣的人。

你开始和他在QQ上聊得熟络。没有羞涩，没有矜持，打打闹闹的时光其实很美好。你以为，你们性格很相像很投缘，是可以交一辈子的朋友，不会因为空间和时间发生改变。

2

你会在他突发奇想奋发有为之时拼命挖苦外加少许鼓励;你会握着牙刷满口白沫对着镜子里的那个你说他就是你的信仰;你会竭尽力气追赶他优异的成绩,想着这样就可以踏上同一趟列车奔向同一个目的地;你会拿着各式各样奇形怪状的问题敲开他的对话窗口,不管不顾他是否在线是否愿意被打扰……因为你把他当作真正的朋友,你相信他不会嫌弃、厌倦和离开。

3

星期六听说五点钟有流星雨时已是晚上五点二十分。你说要趁着流星还没走远赶快许愿。

你默念:成绩要呈良好的上升趋势,和他的关系要好好地,不会生气,不会僵掉。

可是你没听见流星说了句"抱歉"后打个盘旋飞走了。

4

所有恶化的情节都不是瞬间的改变,而是一个渐变的过程。你觉得你很委屈,他以为他很生气。

就这样,青鸟各自飞。

5

杂志的星座物语上说瓶子在第一时间就给身边的人打上了分数。你不知道他给你打多少分,但你给他打了分。最开始他是满分一百分,第一次伤害你时他是九十分,等到第三次伤害你时他零分。

曾经在书上看见水瓶最瞧不起金牛。你难过了一番,一遍遍说着怎么会呢,不相信,绝对不信。可是如今已成定局。

6

距离上课就剩五分钟你也不怕迟到,跑下楼看他刚下体育课的样子;吃完晚饭经过篮球场没找到熟悉的身影你就好像把心塞进了绞肉机;为了让他看到你文字里的他就绞尽脑汁重写再重写直至发表;金牛座的你心灰意冷时想想还有这么一个信仰就顿时红光满面笑意盎然;同桌问你是不是喜欢他,你笑答不知道,因为你不敢肯定也不敢否定;你抱着电脑查全国各大名校,打算着和他考进同一所大学,以为可以就这样一直打打闹闹玩儿下去。

把未来和一个人绑起来还真是一件不好的事呢，它带给人的除了短暂的欢喜外，只有最后的失落。

你们认识不过三百天，从熟络到无话不说再到产生隔阂只有三百天。也许真的应了那句话，有些人来得快走得也快。你一遍遍告诉自己珍爱生命，别回忆别伤心，可你还是忍不住难过。

是啊，地球太寒冷，产生距离丢了美。你把他放在心尖上保护着，可是用心交下来的人又怎样？

7

算了，不想了。晚上躲在被子里你大哭了一场，然后学会释然、学会忘记、学会成长。你知道你们之间不在于谁错谁对，是时间决定着一切。

曾经永远玩儿下去的梦想已经破灭，许许多多往昔也已化作泡影，但你还是记得曾有一个他陪你度过了许多快乐的时光就已足够，就不遗憾。你甘愿，让他成为过去。你宁愿，重新遇见那个曾经给你大大快乐的人。

你还是那只"猫"，标签上写着洒脱放任的猫。你还在你的世界快乐着你的小快乐。只是这次与他无关。

晚点的时光颗粒

蓝格子

1

在我抬头看向许然的时候,他已是一副淡然的模样,不耐烦地对我说了一句:"年又又,你别烦我好不好,我讨厌你,我们真的不可能。"

我看着他的嘴巴一张一合,心想这个说话带刺儿的少年怎么会是那个我喜欢了一年多的人。

透过许然,却无意中看见了跟踪而来的路离以及他的小女友沈曹苑。他们俩躲在卡车后面,脑袋不停地向前伸着。我扑哧笑出了声。然后我看见许然以一种看疯子的目光瞅了我一眼摇头离去,转身的背影倒像个饱经风霜的老人。

我站在原地目送他离开，心想着这时应该挤出几滴眼泪来应景，可折腾了好久除了眼眶变红也没有多大的效果。看见许然离开，路离带着沈曹苑大步走过来。

看见我，路离便埋怨地看着沈曹苑道："你看你，怂恿年又又来表白，这下倒好居然把我们的超人弄哭了。"听着是责骂的语气，却丝毫没有摆脱秀恩爱的嫌疑。沈曹苑在旁边倒是认真起来，一脸愧疚地重复着对不起。我摇摇头连忙说没事儿，这一举动却更增添了沈曹苑的不安。

麻辣烫店里。路离细心地帮我加辣椒，将他碗里的肉全部夹到我的碗里，他知道我心情不好时是个强大的食肉动物。可是不知为何，对于这次的失败我并没有任何的沮丧。大概是被打击太多次了吧，俗话说皮厚都是一点点练出来的嘛。

路离看着我没有形象地往嘴里塞东西，清了清嗓子，我知道他要开始长篇大论了。

"年又又，对于这次的失败你有什么感想？"

我依旧低头苦干，接了一句："麻辣烫的肉没有上次新鲜。"

他叹了一口气："已经第六次失败了，你打算怎么办？"

"革命尚未成功，同志仍需努力。"说着我将一大口烤肠塞到嘴里，味道真好，我满意地点点头。

我想我算是个奇葩，居然可以向一个男生告白六次，重点是许然是我们班脾气最好的男生，竟然也被我逼火了。从一开始的害羞字不成句到如今的面不改色撕掉情书，我想我为祖国绿叶的培养还是做出了一定贡献的。

起码对于许然而言是这样，我已经让他锻炼出了强大的心理素质还有长跑技能。

这时，路离像是发现了什么大秘密似的，低声对我说："年又又我好像忘记带钱了。"

一摸口袋大惊，我身上还剩三个硬币，根本无法支付我那一大盆肉。

于是……

回到家的时候，刚好接到路离的电话。

"你在哪儿呢？"

"我在家呢不然还能在哪儿？"说着我又往嘴里丢了一块饼干。

"在家！"他突然提高语气，"你不是去买水？不然你跑那么快干吗？"

"你不是说没带钱，所以我溜了啊！你不会被他们卖了然后打电话给我让我去赎你吧？"

"你傻啊！你以为我是你啊！我是那种出门不带钱的人吗？逗你玩儿的！居然真跑了。"路离无可奈何地说道。

"你浪费了我的肉！"

"重点不是这个吧？重点是你居然丢下我跑了。"

"肉是重点！"我躺在沙发上大有和他大辩一场的决心。

"没心情和你吵，苑苑打电话来了我挂了啊。"

在没有征得我同意电话就挂了。

看着窗外的月光，我久别的悲伤终于在心中蔓延，我想如果这悲伤来得更早一点儿，我没准可以坑路离一份肯德基的。

2

沈曹苑看见我来就挥动双手一本正经地告诉我说："许然不喜欢你，是因为对你没感觉。"我还是挺感谢许然，起码他没有以我长得丑、脾气差、个子矮、不淑女作为拒绝的借口。

不过后来想想，他还真是恶毒。感觉这种东西是我再优秀多少倍也改变不了的事实吧？一句话倒是浇灭了我所有的希望。

"又又你不会是哭了吧？"见我不说话她接着问道。

"怎么可能，我习惯了。"我甩甩手向自己的座位走去。

有一种傻子叫情侣，这话果然没错。只隔了一个人的距离，路离居然在和沈曹苑传纸条。然而可悲的是那个中间的人就是我。我突然明白古代信鸽的存在意义多么重大，信使这是个多么伟大的职业啊。

在反复进行十几次之后，我果断怒了，要求路离进行包月活动并且缴纳一定数量的服务费，他笑着点头说下次绝对给。

不知是不是阳光的缘故，那一束光线打在他身上可以看见浅浅的绒毛，小王子这个形容路离的词语果然没有错。

"你愣着干吗？快传！"

"知道了。"这股怒气凭空产生，真是讨厌，不知道会耽误我学习吗？！

自习的时候沈曹苑拍拍我问要不要明信片，这时才注意到她手中的盒子，镇定地拿过来仔细端详确定无误。

"你在哪儿买的呢？"

"路离给的呢。知道你也喜欢就问你要不要。"

"他可真贴心。"

我要怎么告诉她我也有一盒一模一样的然后我亲手给了路离，我要怎么拿回这本就属于我的东西然后还要和她说句谢谢。

我本不是个善于隐藏情绪的人。

下午和路离同行时他便发现不对劲儿。

"怎么了，还为告白失败的事情难受呢？"他推着单车问道。

我顿了一会儿然后点点头又无比认真地告诉他："我

决定了要去厦门。"

听到我的决定路离十分诧异:"就为了他?你不是很喜欢雪的吗?"

"嗯,为了他。"我知道的,许然一直想去的是那个南方小城,而路离最爱的却是冰天雪地,当然那也是我的最爱。

"那可能就见不到你了。"他低下头我看不清他的表情。

"嗯,你可以替我看雪。"

突然想起夏茗悠的那句话:即使关系再好,等到他有女友之后,她便是天上星而你注定是地上沙。

3

躺在床上,我想起许然的微笑,当真是干净得容不下任何杂质。突然觉得坚持了一年多的喜欢还是有些价值的。

和阿格打电话时提到这个,然后话题又不觉间转移到路离以及他的小女友身上,电话那旁明显是短暂的沉默,然后阿格开口。

"又又,你有没有意识到,你的生活里处处有路离的影子。每次谈论事情你总能把话题引到他身上。你想想你究竟是喜欢许然还是路离?不希望你坚持了太久的东西原来是个错误。"

"怎么会?"我笑了笑,"我喜欢的当然是许然,你知道我喜欢他可是有一年多了。"

"真的?你好好想想。"

真的吗?我喜欢的不应该是笑容干净的许然吗?

他第一次对我说"同学你好"时路离在旁边微笑,他和我一起回家时也是有路离在身边,他安慰我时更是路离买来纸巾然后离开。

两个人影重叠我突然分不清我要的究竟是哪个。

你知道人生最可悲是什么吗?那就是突然发现你坚持了许久的执念可能是个巨大的错误。

打开房门时,发现老妈站在门口,手里拿着那张我为第七次告白准备的情书。

意料之中的争吵后,我背着书包出了家门。

紧紧握着手机却不知道要打电话给谁,一个人漫无目的地在路上走着。赌气似的给许然发了消息,还是那句简单的我喜欢你。我想这绝对是最后一次了。这时QQ消息突然响起,是路离。

"我看见你了,又闹离家出走呢?"

"你不会哭了吧?"

"不要动,在这儿等我。"

正当要回复时发现他的头像已经变暗。环顾四周也没有发现路离的影子,怎么知道我在这儿呢?

一两分钟后,路离跑过来拉着我向烧烤摊走去。

不知怎么,那时我突然有一种私奔的感觉。可是脑海中突然浮现出沈曹苑的眼泪、许然的微笑。

"放手啊,很疼的好吧!"我狠狠地甩开他的手。

"年又又你神经!"路离生气的时候眼神真的可以冒火的。

在小板凳上坐下,我才想起刚才那个问题。小心翼翼地问道:"你怎么知道我在这儿?"

"你傻啊,在我家可以看见这条街道好吧。以后想离家出走就别在我眼前晃悠,害我还得跑出来把你带回去。"语气像是缓和了一些,倒是话语依旧毒舌。

"哦。"我默默地应声。

"这次又是怎么了?是没吃到饼干还是没买到玩具?"路离一副司空见惯的模样。

"我有那么幼稚吗?我是因为……"突然语塞。

"没事儿,就是心情不好。告白失败还不能允许我伤心一会儿啊?"我想告白真是个万能挡箭牌。

"还是因为这事啊?不行我明天再帮你劝劝许然。"我能感觉到路离放松的语气。

"话说路离你当初怎么就突然和我关系好了?那么多追你的女生你就不怕我对你有企图啊?还是我太不优秀了所以你不会放在眼里?"声音越来越小,没有底气地询问。

"因为你真，而且我确定你不会喜欢我。"简简单单的一句回答。

"那当然。我喜欢的只有我男神许然。"

"知道了快吃吧。"

这次的羊肉不如上次美好，辣椒好像太多倒是活活逼出了眼泪。

路离低头摆弄着手机，想来是在和沈曹苑发短信。这时才想到刚刚发给许然的信息，原来许然早已答复。

"好。"

就那么哭出了声，路离突然手足无措急忙问我怎么了。我拿起手机给他看，他一边拿着纸巾一边给我擦脸，笑着说："年又又，你终于守得云开见月明了。"我看看天，倒是觉得更黑了一点儿呢。

你知道吗？我不是执着的女子，若纽扣第一粒就扣错我也只会让它一错再错，因为我不敢重来，我输不起。

第二日我和许然拉着手来到路离和沈曹苑面前。路离只是微笑，而沈曹苑的表情十分丰富，从诧异到惊喜然后是开心。

我想这可能是四个人最好的结局。

4

我也问过许然为什么改变主意，他说他被我一年的时光所感动。我笑出了眼泪然后他轻轻拭去,像极了那晚的少年。

"你哭什么呢?"

"感动呢。"

我要怎么告诉你我一开始就坚持错了方向。

当然我永远不会告诉你。

感谢你给我一段惊鸿岁月

信笺孤单，我不打扰

冯 瑜

1

负责管理班上信件的苏小舒把来信递给我的时候，脸上的羡慕与好奇让我不知所措。我害怕与这种具有很强洞察力的女生打交道，因为我是不擅长掩饰自己情感的人。

我不知道她是否看出了我的异样，抑或仅仅是出于好奇。她问道："你笔友又来信了啊？真好啊！"我只是微笑，她接着问："怎么认识的？"

我说对方是市一中高我们一届的学姐。我觉得我透露的东西已经足够了，因为随之而至的便是一种淡淡的倦意，我希望她赶紧走开。然而她对这答案并不满意，依旧追问我们的认识过程。我只好说："通过杂志上面的交友启事。"

我希望我含糊的回答没有露出破绽,天知道我告诉她这些是多么不情愿!

她似乎看出了我的不耐烦,识趣地"哦"了一声,当我以为谈话到此结束时,她却蹦出了毫不相关的问题:"你是不是给杂志投稿啊?发表了吗?"

我的身子为之一抖,连忙低下头,装模作样地整理不算凌乱的课桌,以免她看到我眼中的慌乱,然后用更加含糊不清的语调说道:"啊?是吧……大概……"

也许已经达成目的,也许是觉得无趣,她什么都没说就丢下我走开了。

可是,一种新的疲惫感又涌上心头。

"真累。"我嘀咕道。

2

我慢慢把目光移到信封上,那儿并没有写寄信人的地址,只用潦草的笔迹写了我的学校、班级和姓名。

那笔迹如同刚学会写字的孩童写的,歪歪扭扭,毫无整洁美观可言。我知道这是晨曦子的字。何况高三之后,除了她,没有人会寄信给我。

说实在的,我没有欺骗苏小舒,我和晨曦子的认识源于一本杂志。但不是交友启事,而是她的文字。

她写信的文笔不及写小说或者散文好，通常这里说一块，那里又插进一点儿内容，时不时地告诉我她看了某一本小说或者散文集的感想，用一两段文字谈论她喜欢的作家，还会给我分析哪些是常考内容……从未有突出的主题。有时候我想，这样的女孩子居然能写小说、散文，还幸运地以铅字的形式在杂志或者文选上出现过，真是奇迹。

但转念一想，如果没有文字，我和她也不会认识了。

还是说回信件吧。我常常都担任着读者一职，有时候也回信，但内容总比她写来的短，甚至只有一句话，尤其是我心烦意乱或者灰心丧气的时候，她却是称职的笔友，不管我的信再短，她都能回复一大堆东西，她总能看出我的心思。只有这时候，她的回信才有一个明确的主题——鼓励我或者一针见血地点明我的不是。

3

我们有时候也谈文字。

一个我几乎不会和别人谈论的话题。

不是不懂，而是不喜欢谈论，除非我们关系很好，她和我就是关系很好的那种。

和学习一样，在创作方面她也常常给予我鼓励，但每次都只有简单的一句话：过了高三，我帮你用文字创造一个属于你的世界。

"创造世界"是一个很吸引我的词汇。按照萨略的观点，这是文学抱负，它源于对现实的反抗和拒绝。我想"创造"二字就是最大的反抗和拒绝吧，因此每每想起她说的这句话，我都有一种自信满满的感觉。在文字方面我比她还要自信一些，尽管她依旧在我仰望的地方俯视着我。

我知道，哪怕一封信也不回，她的信仍然会寄来。她总能找到我，而我也总能被她找到。

我们之间隔着可望而不可即的距离，但我们又挨得这么紧，一直如此。

4

晨曦子是她的笔名，但我从来不问她的真名——这不重要，重要的是，她能够理解我。尽管她有自己的烦恼与难过，但很多时候她都会以我为先。

她似乎是一个从世界的某个角落里面冒出来的女孩子，我知道一直都有她，只是我没有意识到，或者说之前我并不在乎她，在之前的很长一段时间里，她对我而言并不重要，这是一种很微妙的关系，或许只因之前我们并没有"认识"。

我们邂逅时，各自已经在人生的道路上度过了十八个春秋。十八岁——一个有魔力的年龄。

生命似乎才起了一个头儿，它不过是漫长而短暂的几十个年头里面的一小部分，又一想，十八年就这样浑浑噩噩地过去了，活过了一段时间而不懂得"生活"为何物；觉得自己是一个大人了，却又分明是不懂事的小孩子。

这样也不错，不是吗？我想。有些人活到八十一岁了也没有遇上这样一个好女孩儿或者好男孩儿。

有关她的事和有关文字的事，我都不愿意让人知道。

尤其是苏小舒，一个住在我家附近且坐在我身后的女生。

在别人看来，杜泉熙是相貌和成绩都很一般的女孩儿，喜欢看书，文静少言，人缘一般——知道这些就可以了。

至于我的孤独与忧伤，信笺知道，便可。

5

有一段时间我们很少联络。

我没空顾及她，那段时间我又忙碌又疲倦，睡得很少，学得很久，别人还没起床我就开始复习了，别人吃饭的时候我仍在教室写习题。看书看到眼睛生疼，洗个脸继续学，笨鸟除了先飞还得多飞。

那会儿我忙得忘记了包括晨曦子在内的所有人，忘记了快乐与悲伤，忘记了笑容与哭泣，别人在我脸上看到的只有冷漠。

当我把自己折腾得病倒的时候我依旧硬着头皮撑着，直到实在受不了才请假回家，而这时候，我的睡眠时间才达到八小时。

意识到这些的时候，我哭了，这就是我的高三，这就是我的生活……

几天之后，她的信在我意料之内送到我手中，我没有拆开就直接把它塞进了抽屉里，我能猜出她要说什么。

她希望我快乐！

但是，让我意想不到的是，与她的信件一同送到我手上的还有一封没有贴邮票的信。

里面只有一句祝福语——愿你身体健康！

是苏小舒的字迹。我回头对她说"谢谢"，并努力挤出快乐的笑容。没想到她愣愣地看着我，随后好不容易地挤出一句话："你笑得真难看……"

6

毕竟是前后桌，毕竟是住在隔壁的邻居，加上关系本来就可以，在那次之后，我们心里的距离在不知不觉中变短了。

一起上学放学，一起讨论数学题目，一起逃课去海边，一起看恐怖电影，一起被老师批评……我说不清楚众多的"一起"之后，我们是否已经成为别人所说的"好朋友"。我们会一块儿大笑，一块儿小声哭泣，但隐约之中，我依旧觉得我是只身一人。

她和我挨得这么近，却无法走进我的心里。我知道，她不是那种可以和我谈论文字的人，更不是可以倾诉秘密的人，尽管她也喜欢看书，而且愿意告诉我她的秘密。

我把这些告诉晨曦子，她却无法给予我答案，因为她和我一样孤单。

7

苏小舒依旧隔三岔五地给我信件，但我们彼此熟络以后，她再也没有提及晨曦子。而我依然什么也不愿意多说。

似乎"晨曦子"已经成为我们两个人之间的禁忌话题，后来我想，更多的时候，这是我们之间无法跨越的鸿沟吧。

然而，不提及，并不代表不存在或者被遗忘。

一天，我们一起到学校里那间卖杂志和辅导资料的小书店。彼时正是初夏，阳光穿过书店的玻璃窗，把光芒洒在店里棕色的地板上，绘出一片温暖之感。

我在杂志架子上取下一本新到的学生杂志，很快就找到了想看的内容。正看得入神，两个女生走了过来。我往旁边挪了些。她们要找的正是我手上的杂志。幸好货源充足，避免了把书递给她们的尴尬。

"我很喜欢这杂志。"

"我也是。这期有晨曦子的文章呢。"

"是啊。"

"我记得她是我们学校高三文科班的。快高考还抽空写文章。五月了。"

我站在一旁偷偷地扬起嘴角，她和以前的我一样，以为一月份刊登的文章就是一月份写好并且投出去的稿子。

我留意着她们的谈话，因而并没发现苏小舒手中也拿了一本相同的杂志，当她们离开小店后，苏小舒指着翻开的那一页对我说："文章写得不错。"

"那是当然，她就是我的笔友。"话一出口我就后悔了。

听罢，苏小舒用奇怪的眼神盯着我："说什么呢？这是你的笔名啊！"

8

果然我是一个不会掩饰的人——我用左手填写信封右手写信件正文，给杂志社的编辑留了家里的住址，却忽视了苏小舒家的窗户可以清楚地看见我家的信箱。而且我向来都是顺手拆除信封并且扔进垃圾桶。

作为一个细心的女孩子，在我多次取出样刊后，她自然有所怀疑，根据杂志的线索去找，定会发现我手中的杂志与"晨曦子"的发稿记录一致。

她不闻不问，不言不语，只因什么都知晓。

我不知所措地看着她，也许她会把我当作疯子看待吧。

但我得澄清我没有精神分裂症——很多病人否认自己有病，而我真的是在陈述事实——"晨曦子"是我需要倾听的心灵，也是我向往的自己。她住在心的彼岸。

晨曦子曾经在一篇文章里写道——高三这一年，我感到压力很大也很疲惫。我得适当减压和消除疲劳，比如看书，写文章，给自己写信。

在常人眼里，一个学生成绩优异就是成功的象征。考上一个好学校（最好是重点）则是成功的表现。我是那么渴望成功，哪怕我并不清楚它的真正含义。没有人告诉我怎样的分数才是成功的分界线。

我的愿望如此急迫，无意识的急功近利心理导致我忘记了重要的是跨越的过程而非结果。

我不快乐。

是的，我不仅不快乐，还这般脆弱。所以从来不敢用真名写作，也不敢告诉别人我的真名，于是用另一个名字把自己藏起来，并祈祷不要被发现。

9

我希望苏小舒对我说些什么，但她除了告诉我"快上课了，得尽快回教室"外，并没有说其他的话。

回教室的路上，我想，晨曦子、信件、文字与杂志，再次成了彼此的禁忌。

在高考来临之前，我都不会再收到任何信件了。

孤单也好，忧伤也罢，已无处安放。

10

又是一封没有邮票的信。苏小舒的信——

> 信笺孤单，我不打扰。
> PS：我只希望你快乐，因为我们是好朋友。
> 而且把信递给你的感觉很好。

不是必须相互分享秘密的两个人才能成为好朋友，尽管苏小舒把我当作那样的朋友，也不可能把所有的心事都告诉我，就像有些话题，我不和她谈论一样，

总有一些孤单，需要各自保存，并且互不打扰。

11

——我想过几天就会有新的信笺来了,你记得帮我拿啊。

——好的。

告诉罗拉我爱她

蓝水澈

五 岁

　　姨来家玩儿时最喜欢抱着我说罗拉的过去。她说想当年罗拉那绝对是西施级的人物,院子里随便一站就招来一群"狼",是活生生的艺术品。可是就在罗拉刚刚成长为一朵水灵灵的小白菜时就被她爸妈拎起来送给了白大褂,说看中他书香门第忠厚上进绝对错不了。于是她在二十二岁这花一样美好的年华一不小心就生下了我。姨说到这的时候总是要把我转过身对着我的脸反复打量,然后两条眉毛一拧说:"奇怪,那么漂亮的人怎么生出你这么一个小孩儿?看来医学上说的基因突变是相当有根据的。"这时罗拉会一把把我抱过去,然后凶神恶煞地对姨说:"不是凤凰好歹也是小麻雀呢！总比丑小鸭来得强是吧？"就是她那么一句话成功地给我树立了以后的自信心。

听姨的故事总觉得罗拉的生活不美满，但事实上我觉得我们一家的生活是很惬意的，白大褂总会在百忙之中抽出时间带罗拉和我去游乐园。而我极差的方向感在我的童年时期也初显端倪。我和罗拉还有白大褂在游乐园玩儿得晕头转向，当白大褂正忙着给臭美的罗拉照相时我依然欢天喜地地向前蹦跳，直到走了很远才突然意识到周围环境的不同。这个事实让我极其恐慌，于是一屁股坐地上拉开嗓门就大哭。

还好半路遇上了正在焦急寻找我的罗拉和白大褂。罗拉让我第一次见识到了一个淑女也可以如此狼狈。她小跑着跟在白大褂的身后，哭得东倒西歪的，脸上的妆化开，两只眼睛像极了动物园的熊猫，时髦的卷发都乱了。她看到坐在地上的我，如同饿虎一般从白大褂身后扑过来，然后就这么和我一起坐在大马路上哭得惨绝人寰。那个时候我便知道，无论她是什么样的，我将会一直是她的宝贝。

九　岁

操场上，我和同学跳皮筋正跳得欢畅，忽然一个球飞了过来并且还不偏不倚砸在我的头上。当时我就感觉天旋地转的，坐在地上像电视剧里演的那样昏迷了过去。但等我醒来时看到的不是某个帅哥的脸，而是罗拉哭得惨不忍睹的花容。如果不是我的心理承受能力比较强，我想我会再次陷入昏迷状态。

记得回学校后的第一次数学测验，我得到了有史以来最特别的分数——五十九分。拿着这张卷子，我脚一跺，心一横，眼一闭把它交给了罗拉。没想到她的脸竟然在发生了戏剧性的变化之后极其温柔地对我说："没事儿的，就差一分，下次再努力肯定能考好！"我目瞪口呆地看着罗拉拿着卷子的手，无法确定她拿的是不是考五十九分的卷子。要知道以前我就是拿个九十分的卷子她都会啰唆个半天。那天晚上我经过他们房间时听到罗拉和白大褂的对话，差点儿笑得岔气。罗拉很焦急地问白大褂："你说，咱家贝贝该不是被砸坏脑袋了？怎么一下子就傻了呢？""你想什么呢，你看她不是好好的吗？再说你这是怀疑我的专业技术！""不行，我明天得再带她去检查检查，我还是不放心。""得，我看是你傻不是她。""我还宁愿是我傻了呢！"

第二天，罗拉领着我，自动屏蔽了白大褂的反对，做了CT，并且强迫我一天吃一个猪脑，她连哄带骗地对我说这是"以脑补脑"，很快就会恢复我的聪明。而在一边沉默的白大褂突然冒出一句让我哭笑不得的话："你那补的是猪脑，贝贝用的是人脑，你不把她越补越笨了吗！"

那段时间，她对我的宠爱达到了人生最高峰，无论我提多过分的要求她都同意。当然,像我这样的乖小孩儿也提不出什么刁难人的要求。就是希望她能少让我吃些猪脑,而这个要求在拿到九十五分的卷子之后也实现了。在饭桌上,罗拉炫耀似的对白大褂说:"谁说没用的?你看看吧,我们家聪明的贝贝又回来了吧!"白大褂转头对着我说:"你可别再出什么事,否则你妈准傻了!"

十 三 岁

凭借着小学优秀的成绩和丰富的经验,在小学升初中时我又成功地当上了班长。维持课堂纪律时坐在讲台上觉得自己真是意气风发,相当地自我陶醉。

有一次,在自习课维持课堂纪律时有个男生一直滔滔不绝地讲话,无视我的警告。本着"为人民服务"的态度我把他的名字记了起来,那时我心中还充满行使权力为民除害的自豪感。而那个男生被老师叫进办公室批评了。可是他回来时遇见我,在我还来不及反应时便像揪小鸡一样揪起我的辫子。还好当时班主任赶到,制止了他"行凶"。

回到家罗拉看到我的狼狈样吓了一跳。我便把事情的前因后果告诉了她。没有想到我讲完她就把锅铲重重地丢下,一言不发地进了房间。我和白大褂都不知道发生了什么事情。神奇的是第二天我去学校的时候,班主任把我叫进办公室表扬了我，说我工作认真负责，不要介意那天发生的事情。回到教室那个男生也向我郑重地道歉，并请我到他家吃饭。都说不打不相识，从此以后我和那个男生便成了好朋友。后来班主任把我们安排成了同桌，让我先进带后进帮他补习。后来的后来那个男生也考上了重点高中。

初三毕业后的一次聚会，那个男生说他很感谢罗拉。原来当时罗拉进房间是偷偷给班主任打电话，说希望能和那个男生聊聊。罗拉告诉他，我从小就不是胆大的孩子，这次的事情也许会让我对秉持公正的原则产生怀疑和困惑，而且这个年龄的孩子有自己小小的"自尊"，他这么做，也许会让我的自信心受到打击……罗拉说希望他能够和我做朋友，大家都为对方多想一想。罗拉与他的"促膝长谈"让他懂得很多。

像是我九岁那年，罗拉对白大褂说"我还宁愿是我傻"一样，每一次在我需要保护时，她就会生出无尽的勇气挺身而出，变得无所畏惧。我想在这个世界，每一个母亲都是这样的，无论发生什么，她们都会为了孩子而英勇向前。

十七岁

像青春小说里写的一样，十七岁是多么美丽而易逝的年华，于是在这样一个特别的年龄，我这个乖小孩儿也偷偷做了件坏事——我和X恋爱了。那年，我戴着厚厚的眼镜，穿着干净的校服与X相遇，然后便一起走了很多路，看了很多风景，也听了很多歌。那时候一起站在高高的看台上，看深蓝的天空变成柔和的橘黄色，而身边站着自己喜欢的男生，一下子心里便幸福得要死，觉得这便是生活了。不过这事儿我可不敢告诉罗拉，更何况她当时正在更年期，要是让她知道我命就没了。

同多数少男少女一样，我和X的感情也没有维持多久。那时正逢高二分班，每个人都蓄足了劲儿等着上高三的战场。也许是之前被球砸留下后遗症，我从上高中后数学就没好过，于是文理分科时我很有自知之明地选了文科，但X却选了理科。这本来也构不成我们分开的理由，可是X无比抱歉地对我说，我们应该以高考为重，不该把这么重要的时间用在感情上。那时我什么也没说，转身便走，因为我是那么骄傲的一个人。回到家我便把自己关进房间，想到X对我说的话，突然觉得自己是身负国家重任的，不能以儿女情长为重的，所以以后什么都要自己一个人了，一个人吃饭，一个人走路，一个人听课。眼泪一个劲儿地往下掉，以至于罗拉是怎么进来的我都不知道。

罗拉坐在我身边，虽然她什么话也没说，但我从她的眼睛里看到满满的担心。我想事情已经发生了，还是告诉罗拉。于是我一边抹着鼻涕眼泪，一边把我和X的事从头到尾都说给她听,如同讲述一部活生生的血泪史。等我说完,罗拉说其实她早就知道我恋爱了,但是她没有阻止,因为有很多事要我自己经历过才明白,就像很多路,不自己走过就无法看见沿途的风景。每个人都要经历爱情,我和X的虽然没有像之前想的"天长地久",但彼此在一起学会的包容和责任会伴随我们一生。

那晚,罗拉说了很多很多的话,也让我更加了解她。原来在罗拉嫁给白大褂之前有过心爱的人,只是因为很多的原因分开,那时的罗拉对生活也有过小小的失望,直到遇到白大褂。很多人都觉得罗拉早早嫁给白大褂是不理智的,而罗拉却不这么想,因为白大褂让罗拉明白,爱不仅仅是爱,还有责任!

"负担不起责任时就不要轻易去爱。"罗拉的这句话我一直记在心里。这一年,我学会了成长。

十九岁

我打电话很严肃地对白大褂说:"老爸,我觉得罗拉最近很像医学上说的一个术语,进入了'第二春'!她老打电话骚扰我!"白大褂无奈的声音从电话那头传来:"你以为她只骚扰你一个人吗?她找不到你时就打电话骚扰我!"

一年前罗拉送我去念大学时哭得撕心裂肺,仿佛不是送我去念大学而是去蹲监狱。在上飞机前我看着满脸眼泪的罗拉实在不忍心,便对她说大学里时间多的是,你要想我随时给我打电话,无论多晚我都会陪你聊。罗拉一听,好不容易止住抽噎,捏着小手帕满脸疑问地问:"那要是那时你有了男朋友呢?"我一拍胸,坚定无比地回答:"只要你一个电话,就是冒着嫁不出去的风险我也坚决陪你煲电话粥!"第一学期虽然常打电话,但一般一个星期就一两个,不像现在隔三岔五地找我。而我要是接电话有那么一点儿不情愿,她就可怜兮兮地把机场别离时我的保证搬出来。我只能无奈地继续听她的"报告"——今天是聚会时她遇到初中暗恋她的同学,没想到他对她余情未了,还偷偷给她塞小情书;明天是她一量体重又成功瘦下几斤,身材可以媲美刘嘉玲;周一是遇到小时候的玩伴儿,没想到人家儿子长得可帅气了,赶明儿等我回家带我见见;周三是发现自己最近皮肤越来越好,走路上还有不少毛头小子给她抛媚眼儿……都是些生活的琐碎,表面上我一副不耐烦的样子,但我心里明白,如果少了罗拉叽叽喳喳的声音,我还真是不习惯。

母亲节那天我给罗拉打电话,电话刚接通罗拉就说:"贝贝你可别祝我节日快乐啊什么的,这不是说我又老了一岁吗?"我在电话这头笑,就知道罗拉会这么说,于是我只能喊来白大褂,让他把电话开扬声器,也不管自己唱得多难听,扯开嗓子就唱。是 *Tell Lara I Love You*,我学的第一首英文歌,也是长这么大唱得最认真的歌。唱完听到罗拉尖尖的声音,似乎带着哭腔,她说你唱的那是什么我可听不懂。这个小女人,就是喜欢在这样感人的场景里装糊涂。于是我对白大褂说:"老爸,去,大声点儿告诉她,告诉罗拉我爱她,一直都很爱很爱!"

话筒里听见白大褂清楚地转达:"贝贝,你成功地把我们家罗拉惹哭了……"

感谢你给我一段惊鸿岁月

李东颖

唱片里传出他狐狸般的歌声，声调和气韵浑厚圆润，像一条绳子捆住华丽与苍凉的两个极端。唱片的封套上是一个男子阴郁的侧脸，隐匿在黑色与鲜红的对比中，上面是一个潦草的签名——郑佑言。

我表姐林涵语是个标准的美人，鹅蛋脸，樱桃嘴，笔挺的鼻梁和一双会说情话的大眼睛，无论是亲戚还是外人一见到她第一句就是"这小姑娘长得真好看"。而我比起姐姐生得就要勉强许多，至少从来没人夸过我的长相。表姐比我大两岁，和我家关系很好，平时没事经常互相串门。表姐家境不错，她的房间布置得就像个公主房，各种限量版的布偶在房里随处可见。我读初二的时候表姐读高一，那时在偶像剧和言情小说的洗脑下我一直对高中保持着梦幻般的向往，一到周末我便到表姐家听她说学校里发生的事，然后我帮她抄英语单词。

表姐在高中也是风云人物，不仅人长得好学习成绩也不错，自然而然有一大批的男生成天围着她转。花和巧克力这些礼物都是小儿科了，上次我在她家里见到一块名牌手表，她说是学校一个男生送的。对于我这种只在杂志上见过名牌的人来说这震惊算是不小了。

到后来表姐开始带我去参加各式各样的约会，对方清一色都是男的。有学生模样的，有大叔款的，也有戴着黑框眼镜的文艺男，但表姐只是跟他们吃饭，而且大多都是高档餐厅，我一个月的生活费还不够给一顿饭钱的那种。那段时间我的QQ签名都成了"跟着表姐有肉吃"。

"那些人你都不喜欢吗？"我问表姐。

"不喜欢。"表姐很干脆地回答。

"那为什么还要跟他们约会呢？"那时的我所认为的爱情绝对是琼瑶剧里那种"山无棱，天地合，才敢与君绝"式的撒狗血剧情。

"不试试怎么知道合不合适。"表姐白了我一眼，"况且有免费的饭蹭，还可以增加阅历，免得以后随便哪个男的给你颗糖就跟着跑了。"说到后面表姐意味深长地看了我一眼。

我立马支支吾吾地反驳道："我才不会呢！"

这样的状况大致持续了半年之久，在这半年期间我足足长胖了八斤,一低头都能感觉到双下巴深深的恶意。

　　表姐告诉我她有男朋友时我立即脑补了许多信息,什么二世祖啊或者出过几本书的小作家之类的人物,但见到对方的时候我脑海里关于对方所有设想出来的形象全部崩塌重组。白净、瘦削、细碎的短发,坐在咖啡馆里靠墙的角落里,戴着一个白色的大耳机。表姐走过去拍了一下他的肩,他转过头慢慢取下耳机。

　　"来了?"他的脸上浮现出笑意,然后转眼看见我,"这是?"

　　"我表妹,夏顷晴。"表姐向我介绍他,"郑佑言。"

　　每周六我要准时坐地铁去上英语补习班,然后六七点的样子又坐地铁回家。我经常能在地铁站里看见一个高瘦的男生,之所以会注意到是因为他长得太过显眼,一副与人群疏离的气质,喜欢穿黑色的衣服,吉他装在皮套里斜斜地背在身上,给我留下了很深的印象。而此刻这个男生就坐在我的对面,正和身旁的表姐说笑着。表姐起身去洗手间的时候,为了打破令人尴尬的沉默我率先开口道:

　　"你和表姐认识很久了?"

　　"也没,"他说,"不过一个月时间。"

　　"你是玩儿音乐的?"

　　对方愣了下,随即又脸色平静地说:"算是吧,有制作过几张唱片给音乐公司不过还没回音。"说完他又好奇地看向我问道，"我看上去像玩儿音乐的吗？"

我立刻哈哈大笑，用表姐打马虎眼："是表姐告诉我的。"

郑佑言听后嘴角弯了弯，没再说什么。

表姐十七岁生日那天，在KTV开了包厢请了一大群人去为她庆生。那天我上补习班到很晚才急匆匆地赶去表姐的party。在走廊的转角处却意外撞见了郑佑言。他因为酒精的缘故而面颊通红，他从走廊另一头的洗手间出来，低头快速地走路结果一不小心正好撞到了我。

"对不起。"他抱歉地抬起头来看见是我后，微微笑了笑，"来给语涵庆生？"

"嗯。"一见到他我便立马拘谨起来，不好意思地点了点头。

"里面全是人。"郑佑言把身体倚在墙上，"进去了也没意思。"

"嗯？"

还没待我反应过来他便伸手把我揽过去，几乎是把我夹在他的手臂和身体之间然后强拉着我离开了KTV。

"喂喂。"我一边叫着一边挣开他的手臂，"你怎么把我拉出来了呢！"

"带你去个地方。"郑佑言转过头来，表情莫名地温柔起来，用温和的声音轻声对我说道。

我不由得一怔，心跳也跟着漏了一拍，手任由郑佑言拽着跟他一路步行至江边。现在正值冬天，江边的冷风吹得人皮肤生疼，我觉得我的脸都快僵掉了。郑佑言却一副没事人的样子倚在栏杆旁，天空被烟花碎成了五颜六色的图案，在郑佑言的眼里凝固成永远不会凋谢的花火。

"真漂亮。"郑佑言喃喃道，听得出来他还没有从酒精里完全回过神。

"大老远过来就是为了看烟花？"

郑佑言没有回答我的问题，嘴里反而轻轻地哼着不知名的调子。我转过脸望着他，他的侧脸很好看，深邃的轮廓在夜色的映衬下显出几分诡异的意味，像是来自遥远异域的王子，因为爱上不该爱的女子而被贬至此。

正当我看他看得出神的时候手机却响了起来，是表姐。

"你怎么还没来？"表姐那头传来嘈杂的声音，想必那群人玩儿得正在兴头上。

"我……"我看了眼郑佑言，他也正好回头看我，他用嘴型对我说"去吧，不用管我"，然后扭过头继续盯着天边燃放的烟花。

"快点儿来啊！"表姐不耐烦地催促道，"再不过来我就要切蛋糕了！"

我只好答应着："我马上就到。"

"表姐要切蛋糕了,你不回去?"我问郑佑言。

"你先回去。"郑佑言的语气坚定,"不用管我。"

包厢里的人果然很多,男男女女喝成一团,嬉笑打闹着。表姐见到我后,立马把我招呼过去向大家介绍:"我表妹,夏顷晴。"

大家很配合地起了下哄,然后让表姐快点儿许愿吹蜡烛。

"是不是还少了个人?"我在一边小声提醒道,难道她没有发现郑佑言不在这里?

表姐环顾了下四周:"还差谁?"

我只能摇摇头说:"没有,我随便问问。"

后来我才知道那天表姐生日时有一个爱慕她的男生送她限量版的名牌包,对方甚至十分挑衅地冲郑佑言说:"你个穷鬼男朋友能给她什么!"

郑佑言当时什么礼物也没带,有些难堪地盯着对方,正当他想说点儿什么时表姐却十分没好气地对郑佑言说:"麻烦你在乎一下我的生日。"

这句话直接让郑佑言的心冷掉了半截,接下来他便独自一人坐在角落里喝闷酒,表姐忙着跟朋友周旋喝酒,也完全忽略掉了他。无论表姐是有心还是无心,都不过在证明一件事情,这世上没有一个男人能够真正进入她的内心。

而那场意外的烟花,是郑佑言原本打算送给她的礼物,却不小心被我得到。这世上阴差阳错的事情太多,又怎来得及一一矫正。

表姐和郑佑言分手是在生日聚会的两个月后,我并不清楚他们分手的具体原因,表姐只是带着我去一家法国餐厅见了一个二十来岁的男人后对我说他是她的男友。看得出对方的身家和教养都很不错,但我无心再听表姐接下来的话,整顿饭吃得心不在焉,只是想着此时郑佑言会在哪里他又在做些什么。我知道郑佑言对表姐而言不过是人生中的匆匆过客,她很快就会遗忘掉他,因为于她而言这个世上的好男儿太多太多,而这些优质的男人又偏偏都在排着队拿着号码牌等着表姐筛选,进入复赛,然后一场场地比拼下去,看谁有实力有耐心留到最后。但郑佑言对我来说却不是这样,他是我平淡庸常生命里的惊鸿一瞥,只缘"感君一回顾,从此思君朝与暮"。我喜欢郑佑言,如同郑佑言喜欢表姐一般深刻而热烈。

以前听郑佑言说过他和几个好友组织了一个乐队,每周末都会去他们的秘密演奏室演奏。于是我装作不经意地向表姐旁敲侧击出他们排练的地址,然后自己偷偷去了那里。所谓的秘密演奏室其实就是郊区外一间废弃的工厂,他们选了一间干净宽敞的屋子几个人合力打扫粉刷出来的一间演奏室。我悄悄地上楼然后通过打开的窗子往房间里面看去,屋子不隔音,里面的音乐声大得震耳,我看到作为吉他手兼主唱的郑佑言站在屋子的正中央对着麦克风深情地演唱。从他嘴里蹦出的每一个音节仿佛都带了魔力般地生动起来，一个音符一个音符敲击着听者的耳朵。正当我听得入迷时手肘不小心碰到了窗户的玻璃，那些年代久远的玻璃竟然就这样落在地上发出清脆的声响碎掉了。

"谁？"

音乐声戛然而止，我也彻底地暴露在了众人的视野下。

"你怎么会在这里？"郑佑言走出来见到是我后问，"是语涵让你来的？"

听到郑佑言这么问我便借机拿表姐当挡箭牌："嗯，她有些话叫我转告给你。"

郑佑言听后皱了皱眉，用怀疑的眼神看向我："这不是她的风格，她叫你转告什么？"

"她……她……"我一时语塞，想着拿什么话来搪塞他才好，手却一下被他抓起。

"你手臂流血了。"郑佑言拉着我朝过道尽头的洗手间走去，"一定是你刚才碰到玻璃不小心划到的。"

"不好意思，打扰了你们的演奏。"我说。

"没事儿，我们正好差个听众。"

郑佑言打开洗手间的水龙头，用水把我手臂上的血迹轻轻地冲洗干净，然后用纸巾小心擦拭起来。

"我知道她要说什么。"他突然低声说了句，眼睛仍注视着我的伤口处,"只要她过得快乐就行,其余的我不想知道。"

也是从那一刻起我才能够体会郑佑言对表姐真正的心意,只要你过得快乐就行。这样一句话到底要多深情才能够如此坦然且毫无芥蒂地说出,我不希求别的,不希求你爱我,不希求你记得我,不希求你的生活从此以后是否还有我的参与,只要你快乐就好。

可是郑佑言你知道吗?

我也只求你快乐就好。

后来我零星地又去过几次郑佑言他们乐队的演奏室,仅仅当个旁听的观众存在。我喜欢郑佑言唱歌的样子,他唱歌时就像一颗闪闪发光的星星,或者天际燃放的那朵最璀璨的烟花,抑或是灯塔那盏闪烁的灯火。一切带光的东西都像是郑佑言,郑佑言本身就是一个发光体,只不过要在唱歌时才能迸发。

郑佑言寄去的录音带终于被一家唱片公司看中,他们打电话来邀请郑佑言的乐队北上洽谈签约合作的事情。他离开的前一天曾找到我,我清楚他的来意是因为表姐,但仍带着高兴的心情穿上自己最漂亮的裙子把它当作是我们之间的一次约会。

最后的一次。

他新理了短发,穿一件墨绿色的T恤,宽松的牛仔裤，因为戴着黑框眼镜的缘故显出几分内敛和清秀。

"我准备去北京了。"他开门见山道。

"恭喜啊。"我说，"希望你们能签约然后成为出道歌手。"

他笑笑，从包里拿出一个包装过的盒子："这次离开不知道什么时候能再回来，能帮我把这个交给你表姐吗？"

我接过东西笑道："当然，你放心。你有什么话需要我转告的吗？"

郑佑言愣了愣，然后说："没有什么要说的，像她那样的女生也还轮不到我说什么。"

离开店里，外面不知什么时候下起了雨。我没有带伞，郑佑言便把他的伞给了我，自己跑进雨幕中。卡在我喉咙里的"我们一起走吧"被生生地咽了回去，毕竟生活和小说不同，哪有那么多阴差阳错制造的浪漫情节。我看着郑佑言奔跑的身影逐渐消失在视野里，跑到街道尽头的时候他突然回过身，冲我挥了挥手，我看不清他脸上的表情，只是也以挥手回应他。

再见，郑佑言。

我们就此别过，郑佑言去北京后我们便再无联系。一年后，当电视上广播里音像店到处播放郑佑言的新歌时我才又重新见到他，当然，是在音像店外张贴的海报上。

我并没有把那盒东西转交给表姐，我自己偷偷地打开，发现里面是一盒录像带，我放进播放器，里面是郑佑言站在不知道哪个天台上唱歌的样子。歌曲结束后，上面出现一行字幕，写着：我所有的歌，都是给你的。

我所有的歌，都是给你的。

我听着耳机里循环播放的歌曲，不由得湿了眼眶。

我们并不能是每一段爱情里的主角，有时候连个配角都混不到。我们站在一旁看着男女主角的悲欢离合，我们参与的那一段微不足道，不过是个路人甲乙丙丁。但我们知道，就算这样静默着观看也好，知道我们喜欢的那个人就像我们看上却买不起的一件衣服，并不是非要不可，只希望它能找到一个合适的买家，然后穿在他身上相得益彰，物归其主。

不需要得到，感谢你曾经来过就好，给我一段惊鸿岁月。

就此别过，郑佑言。

两色烟火

梁 煦

我所有的快乐在他出现的时候就一定会消失不见。有些人出现是为了让你成长,而有些人出现是为了让你无地自容。

我想他就是后者,一生光辉闪耀,只是为了衬托我的卑微,只是为了彰显原来我与这个世界是多么格格不入。

我从不质疑我们像敌人一样对峙是因为发自内心地厌恶对方,可是我们却不是敌人,我们是血浓于水的亲兄妹。

其实我小时候并不讨厌赵峻,反而很依赖他。对于那时候的我而言,他几乎无所不能,但也因为他太无所不能,才会导致我们现在的僵持。

我知道,我们都没有错,我没有,赵峻也没有,只是在这个世界当中有一些总爱关注我们的人往往特别容易潜移默化地影响我们这些还不够强大的孩子。

我们的一举一动，一个笑容、一个眼神，都会成为那些人茶余饭后的猜测和谈资，他们怎么会有那么多用之不竭的时间和想象力来注目与他们毫不相干的我们啊？我不得而知。

因为发觉他们的存在，所以我们越来越小心翼翼，不是怕做错，而是害怕落人话柄。这些嚼舌根的专业户最厉害的不是嚼舌根，而是刻意在你面前嚼舌根，恰到好处地让你听见，让你总心有戒备，诚惶诚恐。

我之所以这么强调这些喜爱在别人背后说话的人，并不是因为他们给了我巨额广告费，而是因为在我的生命中，无时无刻不被这些人牵制着，影响着。我第一次和哥哥心生隔阂，就是因为这群像苍蝇一样滋生是非的人。

那时候，我还不谙世事地认真学习，还不必担忧成绩，爸爸常年在外做生意，家里也鲜少有争端。

那天，一切如常，家里有哥哥和妈妈，还有像牛皮糖一样总爱黏在我家的七大姑八大姨。这些无所事事的姑婆大姨们，成天乐此不疲地讨论着谁家的孩子掉进了马桶，谁家的彩票买了几年都没有中，我听着她们热衷的话题，终于明白这个世界上为什么会有那么多悲剧了。

我专心致志地写作业，到现在还隐约记得那道坑爹的提高题：李清照是＿＿＿＿派诗人。

我想写浪漫派，可是好像没有这个门派，只好去问我那无所不能的哥哥。赵峻在玩儿电脑,听到我的问题,他停下敲打键盘的双手,仰头思考,然后说:"你就填……蛋黄派。"

我撇嘴,李清照是蛋黄派诗人?

他坚定的眼神让我将信将疑地填了蛋黄派,我笑了笑,这题目真是简单。

那时我的天空中,没有哥哥飞不到的角落,他于我而言,强大到我无法去质疑他口中说出的答案是否正确,是否会让我变成班级的笑柄。

到了讲评那张卷子的时候,语文老师别有深意地看了看我,然后说:"这次大家的作业大体上完成得不错,就是有一些不该犯的错误需要注意一下。"语文老师的裙摆被风微微吹起,显得特别超凡脱俗,她从一沓试卷中抽出一张,没错,就是一张试卷,不然还从一沓试卷中拿出一张手纸吗?我想着,笑了出来,接着我就笑不下去了。

她拿着那张试卷,笑容僵硬地说:"我们来看一看赵宁同学的考卷,第四题她是这样写的,李清照是——蛋黄派诗人!"她刻意顿了顿,全班像疯了一样哄笑。我顿时想哭,我想求语文老师给我留一点儿面子,可当我把希望寄托在她身上时,我看见她也同那些人一般笑得捶胸顿足。究竟发生了什么好笑的事情,能让她们这么高兴?

我很困惑,为什么会这样?!我慢慢感觉到我和那些老师同学其实并不是处在同一世界,他们的身上有一种可怕的东西,是灰暗的,黏稠的。从我意识到我们之间的不同那天起,我想远离他们——同学、老师、学校,甚至我崇拜的哥哥。

我的世界里从此生成了一种新的颜色,介于黑与白之间的灰色地带。

原本生活还是无波无澜的,直到妈妈打电话给班主任询问我的学习情况。班主任就是我们的语文老师,这才是我所担忧的地方,我无法阻止她成为我的班主任,更无法阻止妈妈以关心我的名义给她打电话。

班主任约妈妈出去坐一坐,说是有必要跟她谈谈我的情况,妈妈神色紧张地看着我:"你是不是在学校里惹了什么事了?"

我摇摇头:"乱扔垃圾不算吧?"

班主任彻底让我失望,不仅让我在班级里大失颜面,还特意把那张试卷带去给妈妈看,绘声绘色地说我态度不端正……

那天傍晚,妈妈脸色铁青地回到家,我知道,有什么不好的事情就要发生了。果不其然,妈妈从她心爱的包包里拿出一张满是褶皱的试卷。我苦笑,班主任是有多钟爱这一张考卷啊,见人就说。

妈妈把考卷重重地砸在她面前的茶几上,可惜考卷的分量根本不足以把茶几如何,所以根本无法显现出妈妈当时的愤怒。门大开着,秋风顺势跑了进来,将那张考卷从茶几吹到了地上,也许风看懂了我的处境,来洗雪我的耻辱,吹吧吹吧,吹得越远越好,最好远得让人再也记不起这些扰人的烦恼。可是我无法遂愿,妈妈弯下腰,再次把考卷丢到我的面前,我站着,呆呆地看看考卷,鲜红的叉无比刺目,就是这些红得像血色的分数惹来了这么多事端。我不由得想,妈妈因为我错了一道题目而怒发冲冠,倘若有一天我没有了高分的光环,她还会爱我吗?是不是妈妈只是要一个健康聪明、成绩优异的孩子,而不论那人是谁,或者不是我也是可以的?我越想越心寒,抬头看看妈妈,板栗色的头发,年轻的面容,可怎么冷漠得那么遥远?

"你自己看看你写的是什么东西!错了那么多,害我被你们老师说不认真监督你学习,我养你哥这么多年了,我去见他的老师哪一次像这次那么难堪过?你倒是有出息啊……"妈妈指着我,嘴里不停地念叨,我渐渐听不到什么,只看见她在不停地说话。我闭上眼睛,脑子里很乱——语文老师僵笑着说接下来我们来看看赵宁同学的考卷,妈妈说我养你哥这么多年了我去见他的老师哪一次像这次那么难堪过,那些七大姑八大姨叽里呱啦地说这赵宁啊,就是不如赵峻,赵家还是得靠赵峻才有希望……很多很多的人都在嘈杂地说着些什么,我的脑子混乱得快要爆炸。

哥哥,为什么会这样呢?

就在此时赵峻进来了,高大的身体,俊秀的五官,永远干干净净的衣服,一副毫不知情的样子,他问:"怎么了,发生什么事情了?"

我怨怼地看着他,他是我的哥哥,可是为什么要这样害我呢?同辈之间、兄弟姐妹之间,常常会无形地竞争,学历、工作、薪资,都是比较的工具,但是,他根本不需要害我,他已经赢得彻彻底底,那么,他到底是为了什么呢?

赵峻被我盯得有些怕,又问:"到底怎么了?"

妈妈开始滔滔不绝地讲。我咬紧牙根,努力不让泪水流下来,我也不敢辩驳什么,连是哥哥让我填的答案都不敢说,我怕我一开口,眼泪就会暴露我辛苦维持的坚强其实不堪一击。

我转身跑出去,只有飞快地奔跑,身后我不想面对的人和事才不会尾随而来。我大步地往前跑,没说一句话,眼泪却不停地落下来,路上不断有人好奇地看着我,我逼自己不予理睬。跑到海边,我才慢慢停下脚步,两条腿酸软到无力支撑整个身体。我坐到沙滩上,正是黄昏,夕阳非常漂亮,暖暖的金黄色,恍惚间我觉得我好像不属于自己,也不属于这个奇怪的世界,我看着旖旎的海洋,海浪拍打着礁石,我的心突然变得无比平静。

我双手抱腿,静静地看着太阳从地平线上消失,开始思索我的去路,只要不回那个家,去哪一个地方都是可以的。

天很快就黑了下来。已经深秋,海风很大,我有点儿冷,可让我更烦忧的是无处可去,天下之大,我却连一个栖身的地方都寻觅不到。

我慢慢地走着,步履犹疑,却前所未有地自在。那天我在路边摊,用身上仅剩的一点儿钱吃了些东西,然后便开始不停地走。路上有各种各样新奇的东西,我想看就可以停驻;走累了,就找个地方坐下,休息够了就再走;口渴了,投个硬币就能够喝到冰凉的水,惬意无比。那是我第一次夜不归宿,我不知道我哥哥、我妈妈会不会到处找我,会不会紧张,会不会后悔,爸爸常年在B城做生意,指望他来找我是不可能的,不过,我对妈妈和哥哥没什么信心。

我靠在公园的长椅上睡着了,如同千千万万在外漂泊的流浪者,无处可栖,落地为家。

我做了个梦,梦见我不是爸妈的孩子,原来我的父母另有其人,我很高兴,一个人开始过自由自在的生活,一个人寻找我的亲生父母,不用上学,不会难过。我在寻找父母的路上遇见了很多人,有一个乞丐竟然给了我一百块钱让我去吃饭,我快乐地去吃了碗馄饨,刚开吃就醒了。

肚子有点儿饿,可是天还没有大亮,秋天,越来越昼短夜长。我没想好接下来应该怎么办,只好继续呆呆地坐着,日落得很快,日出也是。天空渐渐变成鱼肚白色,我才发现,这个公园有那么多无家可归的人,他们席地而寐,无欲无求,我甚至有点儿羡慕他们。

哥哥和妈妈是在那天早上找到我的,我从他们的口中得知,他们走遍了亲戚朋友的家,访遍了同学的家,都不见我的踪影。妈妈找到我的时候很狼狈,面容憔悴,我萌生了刹那的感动和愧疚,可她的一巴掌,把我仅有的一点儿愧疚又打掉了。她第一次打我这么用力,我的脸火辣辣的,脑子有点儿蒙。哥哥蹙眉,责备地看着我,我的鼻子很酸很酸,却笑了出来。

"你还笑得出来?!你知不知道你就那样跑出去我和你哥有多担心,你觉得你这个样子很了不起吗……"印象中,妈妈总是盛气凌人地责骂我,直到我低下头诚诚恳恳地认了错她才会善罢甘休,这次我却不肯轻易低头,我桀骜地昂着头,不想妥协。

我被他们硬拉回家,亲戚邻居都守在那里,像看戏一样坐成一排。

我把头埋得低低的,嗡嗡的人声、各种各样的议论飘到我的耳朵里,我的心被一刀一刀地雕刻得千疮百孔,最让我无法忘记的一句是:"她哥比她可省心多了,奖学金年年领,学习从来不用人操心,又乖又孝顺,哪像他妹,听说在学校里还顶撞老师……"

我笑了,笑得眼泪都出来了,我想,我也不需要再顾虑什么,妈妈要的只是一个乖巧聪明的女儿,哥哥需要的只是一个可爱温顺的妹妹，老师需要的只是一个成绩拔尖的学生，是不是我都无所谓……

而这些都已然成了过去，现在哥哥到了繁华的B城读高中，我们很难再有机会相遇，也就很难再有敌对的机会。

有一次，哥哥带了她的女朋友来家里，虽然还只是读高中，但好学生就是有很多我永远望尘莫及的待遇，或者说是特权。

我在路上遇见他们，我对他做不出别的表情，比如微笑，只有点了点头，表达善意。哥的女朋友不仅漂亮而且很有礼貌，她微微颔首。我挺喜欢她的，可是我却不知道怎么跟哥哥打招呼，这几年来，因为那件事，我的心里始终存在芥蒂，让我只能冷淡地对他。包括妈妈，妈因为我对她的疏远，性格改变了不少，不再动不动就骂我，她知道，我已经不是小孩子了，一味地指责只会适得其反。她变得沉默了，有时我看着她悲伤地望天，即便有所触动也不知道如何去跨越我们之间的沟壑。其实她也挺不容易的，这些年来我敌对她，否定她，怨她，她也没说什么，学校老师告诉她我抽烟的时候她张大了嘴巴，却又闭上了。

那几年我变得很坏，抽烟喝酒无恶不作，我喜欢别人说我是坏孩子，可能是因为在我的心里好学生都很虚伪而可悲。可有时当别人说我是坏学生的时候，我也会难过，但我只有用这种极端恶劣的方式来证明我的存在，证明我还活着。

浑浑噩噩地过去了好多年，我常常感觉到深入骨髓的疲惫，疲惫到似乎整个世界的繁华荣枯都与我无关，我的生命只剩下呼吸这一件事。可问题是，我才十八岁啊！

又过了半年，我和妈妈的关系缓和了一些，而那时我即将面对至关重要的中考，因为之前的荒度，我的成绩非常不理想。妈妈找我谈话，这么多年来我第一次认认真真地打量她，才几年的光景，她却老了很多，以前染的头发几乎都已经被新的白发覆盖，一点儿都没有了当年的风姿，我有些心酸，低下头，小声地说了句对不起。

我不敢看她，我怕我会哭。她长长地吐了口气，欣慰地笑了。她慢慢地说："其实我知道，你一直放不下当年那件事，你哥后来也跟我说了，他只是开个玩笑，没想到竟然弄成那样，确实是他不对，我也有错，不该没搞清楚事情就骂你，至于我为什么总要你认真读书呢？读书才有出路啊，再说了，你才十几岁，到社会上能做什么？我们让你好好读书，就是为了将来有一天我和你爸离开的时候，你能够过上好的生活，而不是像你说的那样，我们只是为了面子才想让你出人头地。我们能活多久啊，现在白头发都快比黑头发多了还能活多久？你能成为我们的骄傲那是最好，但最重要的还是为你自己而读书……"那天妈说了很多，我心里的冰山被那一番话全部融化，只剩下满满的歉疚和感激，原来哥哥到B城读书之前写了一封信给我，只是不知怎么我没能收到，不过那已经不重要了，我心里的石头已然放下，我和哥哥再怎么竞争、比较也是血浓于水的一家人，他们是不管我错得多离谱都会原谅我的人，是不论我走得多慢都会等我的人。

中考我果然没有考上，但我很平静。有些失去其实是必然的。妈准备出钱让我去读高中，我拒绝了，我选择了去读职高。我可以失败，但我不能再用家里的钱为我的青春埋单。

回首那些岁月，其实很多争端不过是年幼时的自尊和妒忌在作祟，有人就会有比较，有比较就会有不甘，如此而已。年轻的经历不一定都有用，但一定都是有意义的，所有的不可原谅其实都可以被岁月原谅。

我希望我能从现在开始珍惜每一刻时间，善待每一位朋友。过年我哥回家的时候，我要好好地叫他一声哥，然后给他一个久违的拥抱。

泡沫一季

林芸沁

顾季说，我们在别人眼里也是一道风景。

"泡沫一季"是一家理发店的名字，我和顾季就相识在"泡沫一季"那里。

那天我正在"泡沫一季"理发，感到有目光投来，回首，是一位年龄相仿的少年。白色的清爽短袖配上有些发白的蓝色牛仔裤，邻家男孩儿的模样让人联想到夏日阳光穿过木棉，滑过麦秆和紫云英后滤出的薄荷般的感觉。澈亮的瞳眸溢着晴朗天空的气息，清晰地映在我的眸子里。

"你的新发型很漂亮。"他真诚地称赞道。我捋了捋碎密的短发，朝他微微一笑："谢谢，你叫什么名字？"对这干净的少年，我有莫名的好感，于是问了他的名字。

"顾季。"

"你呢？"

"安小沫。"

后来顾季告诉我,为我剪发的师傅是技术总监,要求严格,但人很好;那个脸红红的正在扫地的人是Apple,没考上大学才来这里打工,但暗地里努力准备着复读;被人嘲讽的暴风虽然很贪吃,但他一直希望有一辆属于自己的高级跑车。

"那你呢?"我好奇地问。

"我与店长是朋友,偶尔会来帮忙。"

此后,我便经常往"泡沫一季"跑,很自然和顾季成了朋友。

星期五,我照例到"泡沫一季"里蹭了一天。

"今天晚上,你有空吗?"顾季说。语气看似轻描淡写,却像是下了很大的决心。

"有啊。"

"来,我带你去看一个地方。"

我又惊又喜地跟他走,像是收到了王子舞会的请柬。一排排的梧桐泻下斑驳的碎汞,我专心致志地寻觅身前男孩儿的足迹,轻轻地踏在尚有余温的脚印上,像是在跳一支华尔兹,身上有明灭的痕迹。顾季转身上了一幢楼,我随他上了楼顶。抬眼,黛青色的天空一览无遗,似那片忧郁的丹麦海域。风荏苒而过,恍惚间我听到了人鱼公主的低语……楼底下密密匝匝的人群都变成了透明的泡沫,不住地相互追逐,终于在海风中走失了。顾季的肩膀好像浮着一层泛光的细雨,毛茸茸的伏贴着。有那么一瞬间,我竟以为他是小美人鱼心爱的王子,站在海边出神地望着消逝的泡沫,既不快乐,亦无悲伤……

再见顾季时,我们已熟络得仿佛是多年的朋友。我们把大把大把的盛夏光年泼洒在大街小巷上,我们一起看穿笔挺西服的新郎抱着笑靥如花的新娘,洁白的婚纱舞过瓦尔登湖色的天空;看沟渠旁一只无家可归的小狗,注视着含棒棒糖的小孩儿呜呜咽咽;看开着小店的中年妇女,为眼前煽情的电视剧贡献了一大把热泪;看苍劲的法国梧桐和地上不知名的野花……

仍旧是窄窄的破旧小巷。我和顾季正有一搭没一搭地聊着天,迎面走来两个衣着怪异的少年,其中一个染着黄发,身上还残留香烟的味道。我唯恐避之不及,想加快脚步离开。不料黄毛把手一伸,道:"顾季,好久不见啊!"他怎么知道顾季的名字?我讶异地望向顾季。顾季轻轻地皱眉,神情复杂,既有愤怒,又有惊讶,甚至还有小小的无奈。黄毛又痞痞地看着我:"怎么,这是你的妞儿?"顾季把黄毛的手一拍:"对不起,我还有事先走了。"便急匆匆地拉着我离开。

"你怎么会认识那些社会青年?"顾季愣了愣,继续沉默地前行。我伫立原地,突然发现我对他了解得实在是太少了。他从来不提自己的事,我只知道他有个开理发店的朋友,他为人随和,就连他的电话号码也是我强要来的。可现在，他的品行，也要被打上怀疑的问号了。

我跑上前，直视顾季。他的眼眸竟蓄起浓浓的忧伤，如初冬北方刚结冰的湖底，暗暗涌动着琥珀色黄昏的孤寂。我没有继续追问，转身离去。

整整一星期我没有去"泡沫一季"。我倔强地在等顾季的电话，等一个解释，可每次电话铃响时，都没有听到那个谜一般的少年的声音。我狠心告诉自己，忘掉他吧，这个不良少年。于是便刻意隐藏起有关林荫小道、旧楼建筑和逼仄古巷的记忆。生活仿佛又步入正轨。顾季，似乎只是一颗梦幻的泡泡，时间一到，泡泡也该破了。

没有顾季陪伴的日子，头发在疯长。偶然一天路过"泡沫一季"，犹豫再三，还是踏进去了。拉过椅子就座，暴风的理发刀的声响开始不绝于耳。

正无聊间，心头忽然一震，一种泛黄书卷的味道翻涌上来。是顾季！那温暖如三月晴阳的目光又重新落回我身上。暴风对我说："你别抖啊。"可我的心还是跳得很厉害。我想睁眼，但暴风在剪刘海儿。况且，我要对顾季说什么呢？我渐渐冷静下来。

如同过了一个世纪般漫长，短发终于修好。我急切地转身，却只看见玻璃门的摇晃。追出理发店，顾季已往左手边方向走去。纯白短袖加浅蓝牛仔裤，是我第一次见他的模样。我的眼眶有些湿润了。

顾季伫立在前方，清瘦的背影宛如一面白色旗帜，在我眼前模糊成茫茫的一片。

"对不起。"

"对不起。"

下了很大的决心,用尽整个胸腔的勇敢说出这三个字,却意外听到相同的道歉。顾季转过身,对上我愕然的目光:"对不起,我无法做到坦诚相待。"我上前碰了碰他的手:"我也没有探知别人过往的权利。"顾季笑了,冰凉的指尖触到我的指骨,不需要多余的语言,我知道我们冰释前嫌了。

逐渐又迷恋上那种薄荷的清爽,在夏天的记忆里印上彩虹的缤纷。可是,现实世界都有可是的转折。

8月20日。星期二。

我打电话给顾季:"在哪儿呢?"

"泡沫一季。"

"现在有空吗?"

"嗯。我等你过来。"

我赶到理发店,顾季已经在门口等我了。就这样散步到天黑,顾季见我还未离去,问:"怎么了?""那个……"我避开顾季询问的目光,不安地掰着身旁梧桐树的死皮,"我……我后天要走了。"顾季一愣:"去哪儿?""×市。"顾季没有再问下去,两个人同时暂时性失声。我见他微低着头,细碎的刘海儿在睫毛以下处投下阴影,心中隐隐作痛,但还是强笑了几声,拍了拍他的肩膀："干吗搞得跟生离死别似的。喏，我走之后你会不会想我呀？""不想——才怪。"顾季忽而笑了，他朝我摆了摆手，走进茫茫的长街中。

我久久地注视着他离去的背影，耳边传来宏大的风声。顾季，请你相信，你的身影，也同样被一个目光紧紧追随。她也用自己心中小小的神龛，暗暗地为你祝福。

8月22日，我拖着行李，带着数不尽的记忆离开小城，踏上前往X市的火车。我小心翼翼地取出顾季的礼物。薰衣草色的包装打开，里面静静地躺着一枚小小的银质美人鱼胸针。还有一张浅蓝色的纸条，印着我不曾见过的顾季的好看的字：

> 希望安小沫不是小美人鱼的泡沫，在未来的道路上，她能拥有属于自己的璀璨幸福。
>
> 顾季

喉咙一哽，我别过脸去。我想起那家名叫"泡沫一季"的理发店里，有这样一个少年，他清澈、明亮，虽然有一段不愿提及的过去，但会有心地注意到一个女孩儿，会给予她一次次小小的感动和惊喜，会把她的幸福当作自己的快乐。

而现在，那个女孩儿想要告诉他，他的礼物很漂亮。她知道，带着他给的最真切的温暖，即使相距千里，他的目光也从未断过。有他的目光在,她怎么会感到不幸福呢?

她想要告诉他,来年春她会去找他。他们再一起出发,寻觅生命的温度渗透进墙与顶的老房子,或者仅是趴在"泡沫一季"的平台桌上,照着仲春的阳光慵懒一下午。不仅如此,她还要与他过热闹的春节。他们一起看街边摆满了的春联和红灯笼,看喷泉,看夜晚接踵而至的焰火。她想给他惊喜。不仅是他给她。

消失不见的素颜

凌 落

1

雪,肆意飞舞,暗淡了日光的璀璨。我注视着铺了人造草坪的操场,无所不在的监控,落实到各班的多媒体教具,不由得把头埋得更深。

是,我是个转校生,一个背负着不光彩过去的转校生。

在我们那个乡村小学,我逃课、打架。纵使成绩一直是全校第一,但班主任终是忍不了我的任性胡闹,找了家长,大肆批评。八科老师会家长,我的骄傲容不得我受这样的"侮辱",于是我拿着成绩,到教育局自己办了转学。凌洛的自尊,容不得别人践踏。

如今我真的迈入了这个市重点中学的大门，后悔的情愫却油然而生。偷偷瞄了瞄那些打扮抢眼的同学，看着他们个性张扬，我的自卑开始泛滥。

"同学，帮我改改这篇作文呗，老师又说我不合格。"坐在我旁边的男生嘟着嘴，一脸的委屈。说真的，他真的长得很好看，我从没见过一个男生的皮肤能白到这么人神共愤的地步，最重要的是他英气逼人的脸上偏又添了两个浅浅的酒窝，莞尔一笑，注定了倾国倾城。

"什么叫'又'不合格啊！"骨子里的不安分让我出言挑衅，但下一秒我就后悔了，因为我听到了一个我这辈子都忘不了的声音："大红脸同学，我就对不起语文老师你有意见啊！"

如果我知道我会因此赢得一个大红脸的外号，我想就是拿如来神掌逼着我我都不敢去招惹哪个叫许星辰的坏蛋。

没错，那个有着醉人酒窝的男孩儿叫许星辰。他不知道，他是我生命中最闪亮的光辉，我以为那是我一辈子都戒不掉的依赖。

2

"小洛，你家也住这边啊，好巧啊！"回家的路上，我遇到了那个叫小沫的丫头。

我记得她，娇小的身材，出众的成绩，是我的新同学。"对啊，但我不知道回个家居然要这么费劲。"河水解冻，积雪融化，将残损的路面淹没。为数不多的几块断砖充当着学校与家的跳板，真的是比我的小村庄还狼狈啊。

"小意思，看我的。"身旁的女生将书包往我身上一扔，头也不回地蹦进了湍急的水里。我的天啊，本以为她娇娇弱弱的需要我保护呢，没想到倒是她先过去了，留我一个人在河这边与家隔河相望。于是乎，我吓得惨白的脸和某女没心没肺的笑形成了鲜明的对比，我终于明白什么叫不要小瞧别人。

后来我才知道，看似娇弱的小沫其实也是不良少女一个。她也是转校生，逃课、打架，被社会上的所谓大哥宠着罩着，不爱学习却名列前茅。太多的相似，我们的惺惺相惜是偶然也是必然。我们都没有安全感，但她比我更骄傲，更决绝。

小沫，如果你知道你的不安分会毁了我们辛辛苦苦维护的友谊，你还会义无反顾吗？我知道，你一定会说留不住的朋友不要也罢。可是我，真的放不下。

3

如果我知道我会惹上盛晓天那个祸水，无论小沫怎么勾引我我都不会去那个物理老头儿的补习班的。

我说过,我不是好孩子,什么补习班课后班我向来是不屑一顾。但禁不住小沫地一再推销,我终于决定去给物理老头添添乱。其实那个补习班本就是我班同学整老师的圣地,多我一个不多而已。

什么叫交友不慎,我凌洛算是真真切切地体会到了,极力邀请我来的小沫同学此时竟去和男友约会了,留我一个人赶往物理老师家。唉,我承认是我的错。我费尽心机让许星辰接受了小沫的求爱,却没想到他们两个把我晾一边了,这就叫自作孽不可活啊!

好吧,虽然小沫已经带我来了不止五次了,但本小姐路痴这是众人皆知的事好不好!

凭着印象,我到了一处居民楼。该死的,怎么这个地方的楼都长一个样啊,我怎么知道找的对不对,万一不对不就白爬上去了,要知道物理老头家在七楼啊!什么叫纠结,真是非亲历不能体会。

"上去啊,看什么呢。"好听的声音在我前方不到五米远处响起,这时我才注意到楼下站着一个男生。黝黑的脸庞,不高的个子,跟许星辰比起来,他真的不值一提,但却让人莫名的安心。那双眼睛,深邃得让人想起浩渺的星空,淡淡的欣慰,暖暖的温暖,我承认,他就这么轻而易举地闯进了我的生命。

"急什么,你不是也没上去吗?"有时候真的很恨我自己这张嘴，明明想说句感谢啊什么的，怎么一开口就是要打架的阵仗，谁来拯救我啊！

"我等人，你先上去吧。你不会是怕走错了吧！"说真的，我真的连把他撕碎的心都有了。你说你不了解人家瞎猜什么，猜就猜了你还猜得那么对，对就对吧你还一副不可置信的表情，很欠揍你知道吗！你等你有女朋友的，我非得教唆她跟你分手，一定要！

"才没，哪儿那么白痴。"

"哦，那上去啊！"

"偏不，你管我。除非……你告诉我哪个楼来着。"

故事的结局是，某人在前面屁颠屁颠地走着，我拿着两个书包使劲儿地追，那一刻我就发誓，我不整死盛晓天我就不叫凌洛！

4

四月，暖风刚刚吹起，感冒刚刚流行。

当我穿着厚厚的毛衫出现在班级之前，我就想到了会遭到某些人的攻击，然后……事情真的就按照我想的那样去发展了。

"猪，你说你穿得跟个熊似的，现在国家打假呢，不知道啊！"

"猪，人家熊好歹还御寒，再不济熊掌也值不少钱啊，你穿这么多还感冒，不过按你的智商，感冒那是偶然中的必然啊。"

"都不许这么说，人家哪是猪啊，分明是可爱的猪宝宝嘛！"

我鄙夷地看着面前笑到喘不上气的三个人，一唱一和真的是默契到了极点。有时候我就会邪恶地想他们三个要是去抢银行都不用事先商量作案流程，当然，我一定是负责报警抓他们的那一个。

彼时，就像甄嬛说的，岁月静好。只是我傻，看不透我们最后的结局。

5

"盛晓天，明天家长会，你家我哥来我姐来啊！"

虽然盛晓天同学在小学时是学校的大队长，但到了初中以后，他不逃课，不谈恋爱，成绩却华丽丽地下降了。而我作为班里成绩最好的人，被指名负责他的各门功课及生活起居。真不知道是他的不幸还是我的不幸。

"你姐来。"

"哦，原来如此。"

"不对啊凌小洛，你耍我啊。"

我一边捂着肚子拼命地笑，一边躲避着盛晓天灭绝式地进攻。不对，应该是我大外甥盛晓天的以下犯上。

于是乎，我们四个的关系有点儿复杂——小沫管我叫小妾；我是许星辰唯一的红颜知己，他有事儿甚至来找我而不是找小沫；盛晓天是小沫的干哥哥，却一口一个小姨叫我叫得很亲。

"小姨，下礼拜我过生日，你准备送我什么啊？"

"过生日啊，那可是大事，我决定了，奶瓶，你觉得如何？"

"哥，我小妾送你奶瓶那我送你奶粉吧。"

"哎呀，还全套的呢，那我许星辰给你烧杯开水吧，包不烫哦亲……"

我曾取笑说我们四个的关系太乱了，却不知道那之后的乱才是我接受不了的。

6

轰轰烈烈的中考给了我们一份欢聚一堂的热闹，也给了我们一个略带伤感的别离。说是略带伤感，因为我始终相信无论离多远，无论发生了什么，我们四个，永远都不会分开。

虽然我和许星辰进了一中，小沫和盛晓天去了二高。他俩隔壁班，我和星辰则隔了一个楼。

7

我承认,他们叫我猪也不是没有道理的。本人嗜睡如命是出了名的。只是这一夜,我却再也睡不着了。

"小洛,你快给小沫打电话,晚了要出人命的。"

许星辰只说了这一句话便挂了电话。他知道,小沫是我的命,一切与小沫有关的事不需多说,我自会重视。果然,我给小沫挂了电话,一个我这辈子都后悔的电话。

"小妾,他……果然从来都没有爱过我。"

我听得出小沫哭过之后的哽咽,依然只有这一句话,她也挂了。然后两个人一起关机。留我一个人望着寂静的夜空发呆。我知道早晚有这一天,却不曾想到会来的如此快。我的倔强告诉我不能哭,心中的郁闷却无法得到宣泄。我想到盛晓天那深邃得如夜空一样的眼睛,想起他总会在我难过的时候信誓旦旦地说有我在。夜空洋溢着一股暖流,一份让人心酸的暖。

伏在窗前,对面楼房早已熄掉了所有的灯火,就像夕里雪说的,真正的午夜是在十二点以后,但她没说,真正的难过也是在十二点以后。阴沉的夜,手机的荧光是那么突兀和尴尬。我一遍遍翻着他们曾经发来的短信,一次次湿了眼眶,终于趴在床上哭出了声。我看到小洛说:"我们交往了,我太幸福了。"我看到许星辰说:"你放心,我会好好对她，一辈子。"我不明白信誓旦旦说过不离不弃的两个人怎么会分道扬镳，又怎么会如此决绝。

但我忘了，我们四个，都信誓旦旦地说过不离不弃。

8

上了高中，紧张的课业压力扑面而来，我却还是那个不肯上进的样子。没有人能理解，凌洛不任性了，不贪玩了，却花费了更多的时间去行走和发呆。我承认，我再也不是以前的凌洛了。心很沉，是一种前所未有的压抑。每次我想笑时，都会想起我们曾经的欢声笑语，每次我想哭时，又会想起我们一起在街口买醉的情形。我们之间的回忆太多，只要我稍稍一动，就会触碰到那血淋淋的伤口。所以，我笑不得，哭不得，只能一个人默默地发呆，看看寂静的夜空，放任苦涩的泪水。

是，我们回不到从前了。小沫和星辰变为了路人，甚至是敌人。我们再不能聚在一起放声高歌，三个人的聚会，还不如不聚。整整一年，我窝在世界的角落里，即使跟同校的许星辰，也没有多少交集。每次见面，我都感觉他想跟我说些什么，可那时的我，已没有力气再同他谈心。小沫是我的命，他是我的精神支柱，如今他们两个闹成这样，要我怎样去面对，我做不到，真的做不到。

听说小沫和晓天还有联系，而且关系越来越好了。就是这样吧,大大咧咧的晓天永远不会去思考这些愁人的问题,谁同他玩儿他便和谁好。我能感觉到他对我的疏远,小沫也总跟我告状说晓天只跟他的高中同学在一起而冷落她。我依然是他们的垃圾桶,所有人有心事都跟我说,这就是我的使命,我的宿命。

只是小沫没有发现,我再不像之前一样为她出谋划策,为她争取什么,只是默默地听她讲,告诉她顺其自然。我累了,真的累了。谁的委屈都可以告诉我并寻求安慰,那我呢,我心里的苦,你们造成的苦,又能跟谁去说,等谁安慰。

9

高二无声无息地接近。我知道,这以后,我们将没有时间在一起,无论我们愿不愿意。我给小沫打了电话,我说,出来聚聚吧,她说,好。

我并不是只叫了我们四个人,而是喊了很多同学,我知道如果我们四个坐在一起,再不是曾经的亲密无间,更多的是尴尬。看到满包房开心到忘乎所以的人们,星辰低了低头,终究无话可说。

是,我们四个都不喜欢歌厅,但这次聚会,我特意挑了这个地方。或许只有歌厅的吵、歌厅的暗,才能盖住我们之间如此宽的鸿沟,才能掩掉我满脸肆意的泪水。我知道，这是我们最后一次相聚了。无论今天的结果如何，我都决定离开他们的世界，从此后，各自天涯，小洛，决定了一个人活。

我破天荒地点了首《素颜》，大声地唱着，歇斯底里，毫不在意。我要以此来纪念我们逝去的青春，我们，永远都回不去的——青春。

"如果再看你一眼，是否还会有感觉，当年素面朝天要多纯洁就有多纯洁……"谁的声音如此凄婉，是了，许星辰，为什么在我最想放纵，最想发泄自己的时候他又来搅局。喉咙突然一阵哽咽，我静静地蹲下身，迎上他悲恸欲绝的眼神，那么干净的面庞，那么出挑的身高，还有那么醉人的笑靥。

"我怀念，别怀念，怀念也回不到从前……"

10

屋里的人走了不少，我忽然想起小沫已消失有一会儿了。

"小沫啊，我看她和晓天在阳台上待着呢。"

我挣扎着走出了那份嘈杂，我自信他们之间的谈话我还是不用回避的，于是我做了一件我一生都会后悔的事，通往阳台的厚重的门，就那么让我冒冒失失地推开了。

"我说过我只能和你做哥们儿，别的我给不了你，做哥们儿可以一辈子，做别的你能吗……"我傻傻地待在原地，我知道晓天说这些话的时候根本没想瞒我，但我却后悔去听。

大脑在一瞬间混沌不堪，我问晓天，什么意思，小沫想跟你做什么？答案我知道的不是吗，晓天决绝的语气和小沫颤抖的背影已经告诉我了不是吗？"小沫，我们只是铁子，一辈子只能是铁子。"我第一次看到晓天可以如此狠心，不顾流泪的小沫，不顾愣在原地的我，推门就走，直觉告诉我我该去追，追什么，我自己都不知道。

"小姨，你别说了，不可能，我不可能答应和她在一起。"我什么都没问，晓天却开口说出了一切。

"小洛，我知道小沫是你的一切，我不想让她伤心让你伤心，但我没办法。如果我说我想和你在一起，你会答应我吗？"

我终究无话可说。我品不清晓天话里的含义。只能看着他冷笑着消失在楼梯的转角，留给我一个背影，而不是那双恍若夜空的深邃的眼眸。

头很晕，真的很想就这么睡去，然后把一切都当作梦，醒来把什么都忘掉。喝多了，这是最好的借口。但我知道我不能，我知道还有一个小沫等着我去安慰，去陪。我还记得当妈说小沫喜欢晓天时我信誓旦旦地保证说不会，还记得我为我们之间能有这么纯洁的友谊而真诚地向佛祖叩的头，在这一刻，灰飞烟灭。真的很想去质问小沫，为什么要这么做，为什么要毁了我们之间纯洁的友谊。看到她在我怀里哭得死去活来，我终于只是默默地流泪，什么都没说。

11

真相，让我很恶心。是真的很想去问问他们为什么，很想狠狠地扇他们几个耳光。小沫说，她一直喜欢晓天，整整三年，从未变过。但是她知道晓天不会和她在一起，所以找上了星辰，试图把所有的感情都放在他身上，即使她知道，星辰喜欢我，所以她让我去劝星辰，去求星辰。只是我，全然不知，傻傻地真的照着她的话做，误了星辰对我的一片痴心。

但是我的傻小沫，你不知道星辰如今是真的喜欢上了你，可以为你生，为你死。至于晓天，他本就是那种不安分的男生，正如你的不安分，不会为任何人停留。他所谓地想和我在一起，不过是觉得我跟他在一起能陪他更肆无忌惮地疯吧。你问我是不是也喜欢晓天，我说不，我一直喜欢的，是星辰。呵呵，小沫，对不起，原谅我对你说了谎，我把他们，都只当哥们儿而已。但我不能让你觉得我和你喜欢的人两情相悦，你是我的命，永远是。

我知道，这个结局，怪不得我们任何人。只能说我们在一个不该说爱的年纪，掉进了爱的迷宫。我不明白我们之间除了你喜欢我我喜欢你,就没有一份真真正正的友谊吗?我对友谊彻底绝望了。

12

听说星辰和一个叫小涵的女孩儿出双入对,听说晓天依旧和他班的女生打情骂俏,听说小沫有了一个更好的朋友陪她聊天谈心。所有人的生活都步入了正轨,似乎并没有因为我们的事受到太多的影响。

只有我,只有唯一没有动情的我,弄得遍体鳞伤。很多个夜里,我习惯了仰望星空,不由自主地想起我们之间发生过的一切,却少了那份心碎和悲怆。只是越发地喜欢安静,喜欢自己一个人,独守那方星空。

小沫,你答应过我自己会好好的,你会守诺的,是吗?

星辰,我一直仰望着你的优秀,我说过,遇见你是我一生的童话;晓天,真不知道会是怎样的一个女孩儿才能与你共度一生呢,但我知道,不是我,也不是小沫。

我知道,无论多努力,我们都回不去了;我知道,无论多不舍,你们都不会回到我身边了;我知道,这就是我们的青春,一场无疾而终的青春。

所以,那之后的我,学会了一个人活。

独家记忆

刘姝麟

我想每一个人应该都有一段独家记忆，不可复制甚至独一无二。

在年少时，用爱恨分明的态度追随着跌跌撞撞向前奔走的生活。开心时笑容肆无忌惮，难过时眼泪汹涌澎湃。这样真好。

当我回到教室时正好看到后桌男生把手揣回自己的口袋，我就断定一脸慌乱却假装镇定的他有猫腻儿。我快步走到课桌前就给了他结结实实的一拳："宝贝儿，干什么对不起我的事儿了？"语气温柔眼神凌厉。

他捂着胳膊拔腿就跑，还不忘回头冲我做鬼脸。

同桌拽着我胳膊："别理他，扫地了。"

"哦。"我闷闷地应了声。

"怎么，没找到你朋友？"

"嗯。虽然一打放学铃我就冲到他们教室,绝对不会发生找不到她的情况,但是一个同学说顾晴她根本没来学校。返校日她怎么会不来?一会儿我回到宿舍再给她打电话。"我苦恼地拿起扫把走到教室最后开始扫地。

同桌说:"你明天收拾你的宝贝儿吧。他把你手机拿走玩儿了。"

我听到这话瞬间急火攻心:"他会不会办事儿啊!明天姐姐把他大卸八块!"

"亲,看看表,宿舍快熄灯了。扫完走人!"

我抬头一看表,晚上十点。

第二天一早,后桌男生陆昊是在我仇恨的目光中踏进教室的,他坐到位置上时,我扭头咬牙切齿地说:"你想死呢!把我手机拿来。"

他摆出讨好的笑容:"亲!你先别打我,我跟你说一噩耗,你手机掉我洗脸盆里了,暂时不能用了。不过我会拜托走读生带出去修的!我错了,你别打我!"

我闻言握起拳头,狠狠地说:"我确定你想死!"

他同桌乐不可支地凑过来:"小言,我实在听不下去了,他不说实话,我跟你说实际上他把你手机掉洗脚水里了。"然后他的嘴就被陆昊捂住了。

陆昊看我"磨刀霍霍向猪羊"的架势,拔腿就往后门跑,我紧跟其后,刚出了教室后门就碰上了老班龙龙,我心里一凉,只有一个想法,那就是完蛋了。龙龙说:"你俩跟我去级部！"

　　我俩乖乖跟在他身后踏入了教室对面的级部办公室，毕竟是除了请假需要级部在请假条上盖章外，还真没在这间气势强大空调暖气齐全的屋子里待过。龙龙坐下，手持茶杯，虽然是笑眯眯的模样可我感觉危机四伏。我和陆昊分别站在离他不到两米的地方，龙龙又笑，招呼我们，"你俩过来点儿，离我那么远干吗？"

　　我死命摇头："不了，这儿挺好。"

　　他还是笑："你俩刚上早自习闹什么呢？"

　　我说："没什么。"

　　他说："没什么？你俩一到教室就做小动作了吧，要不怎么刚上早自习就立马闹起来了。"

　　我重复："老师，没什么。"

　　陆昊突然开口："老师，那是昨天的恩怨！"

　　我低着头默默翻白眼，他是不是非得说句话才能彰显自己的存在啊？网上说得对，不怕神一样的对手，就怕猪一样的队友！

　　龙龙看向我："我看你每天都闲不住，你很忙？老往楼上跑！"

　　我低头绕手指："找同学而已。"实话，我去找顾晴。

　　"找同学？谁啊？"龙龙颇有打破砂锅问到底的架势。

我很诧异地盯着他看，这年头龙龙也八卦？

"说了你也不认识。"

龙龙异常执着："你说，说了我就认识。"

我无奈："一班的。"

龙龙继续八卦："男的女的？"

半路杀出个陆昊，他笃定地说："老师，肯定是男的。"

"女的！"我狠狠地瞪陆昊，暗暗下决心，看我出了级部门不收拾他。

龙龙忽略着我从内心深处涌上来的杀气："我看你俩一直很闲得慌，李言你去黑板上默写一星期单词，陆昊你就念一星期单词吧，她写什么你念什么。"

出了级部，我用拳头把陆昊揍了个半死。

再后来我默写了全部没学过的新单词，他一个都不会念，在全班同学面前挤出囧的表情。

同桌带着八卦、纳闷、好奇、疑问等若干耐人寻味的表情问我："你和陆昊是我们公认的情侣，整天打打闹闹，龙龙也看见了，竟然不怀疑你俩有不正当男女关系？怪了。"

我正色道："因为他长眼了，他看出来我俩男女关系正常。"

说实在的，我感觉"人在囧途"这四个字简直是为我量身打造的，在陆昊的陪伴下走在人生路上的我厄运一个接一个。陆昊上午将我的手机交给一个走读生，下午那个走读生就不来学校了，当然，不是拿着我的手机跑了，而是作为名列我们级部第一的学生坐火车去北京参加自主招生考试了，七天后才回来。

陆昊满怀歉意地把这个消息带给我后，我抓住他的衣领拼命摇晃他："你说，你会不会办事儿啊！你找个靠谱的人好不好。你脑袋被门挤了吗？你有手机拿我手机干吗？现在你开心了吧，我没有手机就没办法联系顾晴，顾晴到现在都没来学校你不知道我有多着急！是，我可以借别人手机，但我不会背她的号所以没办法打电话给她，上Q她也一直不在！陆昊你去死吧！"我松开手，顺便踹了他一脚转身就跑了。

他吃痛皱着眉头，焦急地喊："我去死，你去哪儿啊？"

我回头，面无表情："厕所。"

顾晴从医院回到家，看着镜子，把假发戴到光秃秃的头上，叹了口气："妈，我明天回学校了。"

打上课铃我才进教室，只听到了龙龙一番演讲的最后一句："……下课后同学们把钱交到班长那儿。好，大家自习吧。"

我一边拿出数学书，一边偷偷问同桌："刚才龙哥说什么了，我们又要交钱？一轮资料的费用？"

同桌低声回我："不是，咱高三一班有个女生被检查出来患有白血病，做化疗需要很多钱，学校号召我们给她捐款。多少钱都行。"

不知为何，心里有点儿不安："叫什么？"

"顾晴。等等，跟你玩得好的闺密不是也叫顾……"

这才是重点，那一点儿不安在得到确认后就像一个刚发芽的植物得到化肥的滋养、灭虫剂的保护，疯狂地生长。我的脑袋就像经受了原子弹的轰炸般腾起朵朵蘑菇云，每个蘑菇云的内容都是：怎么办？我要失去她了。

我不知道要怎么办，转身跑出教室，龙龙的声音在背后响起："李言你去哪儿？"

我回头，脸上满是泪水："去死。"我不想在众人面前哭，可眼泪就是止不住，狠狠抹一把眼睛，冲下楼梯冲去操场，此时夜幕吞噬了夕阳西下的天空。

教室里，我说了"去死"跑开之后，龙龙愣了一下，接了一句："陆昊你也去。"

陆昊大吃一惊："老师！你也让我去死？"

龙龙抽搐了一下嘴角："我让你跟着她看她干吗去了。"

全班哄堂大笑。

陆昊是在操场上找到哭得惨兮兮的我，他丢给我一包纸巾，气喘吁吁地在我身边坐下，也不说话，周围安静得只能听到我的抽泣声。内心是如此恐惧，我茫然不知所措只会哭，不断地抽出纸来解决我的眼泪和鼻涕。

陆昊他见过剑拔弩张的我、任性乱发脾气的我、霸道无比的我、在老师面前假装乖巧的我、像汉子一样扛行李的我，唯独没见过脆弱流泪的我。

他不知道该说什么。问我顾晴的病？那我会哭得更汹涌。安慰我说顾晴会好的？我才不会听这敷衍的话语。最后，他开了口："跟我讲讲你们的故事吧。"

我们的故事是这样的，高一时我们不但是同班同学还是同宿舍的舍友，她是舍长，我们床挨着床，我没想到我们会成为要好的朋友，因为那厮是个有着男人外表的女人。高一刚开学我搬行李到宿舍看到一个壮实的背影，短短的头发，宽大的后背，穿着黑色的T恤衫，我问另一舍友："女生宿舍男的也能进来？"顾晴回过头很平静地说："同学，我是女的。"

我看着她浓眉大眼丝毫不带温婉柔弱的面孔，尴尬地说："你如果是男的就好了。"是男的就好了，我们班里就有帅哥了。

再后来我习惯于依赖她，买饭她决定吃什么，买书她决定买什么，有什么困难就找她帮忙解决，深厚的友情就在每天形影不离中建立起来。

顾晴她做过的最让我感动的事是在高一临近寒假的时候，那时候天气挺冷的。在我生日那天，晚自习放学后，顾晴她神神秘秘地把我拉到操场，从羽绒服的口袋里掏出一个漂亮可爱的蛋糕型蜡烛，她拿出打火机把蜡烛点亮，笑吟吟地对我说，"言妮儿，祝你生日快乐，许愿吧。"

我很感动，乖乖地闭上眼睛，在这个以为和平常一样的冬日夜晚过了一个不平常的生日，在我还没许下愿望的时候，一束灯光打过来："你俩，不回宿舍睡觉在这里男女不文明交往，跟我去级部。"教务处的老师气势汹汹地跑到我们身边，看到蜡烛更是气急败坏，"还点蜡烛，把学校点了谁负责？"

我很无奈地解释："老师，我们没有谈恋爱，她是女的。"

老师很疑惑地看了看顾晴，然后坚定地说："我第一次听说情侣被抓后否认情侣关系时说这个理由的！一看就是个男的！"

顾晴她一米六九的个子，和男生一样短的短发，男生风格的羽绒服，好吧，看不出来她的真实性别还真不是老师的错。

在级部办公室里，被电话叫过来的老班也是无奈的表情："你俩跑操场上点什么蜡烛，快回宿舍。"我俩出了门还能听到教务处老师难以置信的声音："那个同学真是女生？真的吗？"

宿舍十个人除了我俩当事人，都用这情侣事件嘲笑顾晴到高二分班……

陆昊听完我讲的我和顾晴的故事后竟然很没良心地笑出声来。我没空打他，闭上眼睛，十指并拢，虔诚地将高一生日时的那个愿望在高三的冬日里许完，如果真的存在神灵的话，请保佑顾晴平安。

拜托，请一定要平安。

我确定我在下了早自习后看到站在我们教室门口的顾晴，心中的惊吓大于惊喜，因为一直是短发的她现在的头发竟然是长发。她拉着我走到楼道口，扭捏地说："你不要嘲笑我。"她把假发摘下来，我看着她的光头哇的一声哭出来，没想到她气愤地捣了我一拳，她嚷道："哭什么！得病的是我们班和我同名的女生不是我！"

这才想起来高二刚分班时她兴奋地跑来找我，说班里有个和她同名的女生。但是……

"那你为什么这么多天没来？"

顾晴说她逛街买了两顶毛绒帽子准备送我一顶，她戴了帽子后感觉头奇痒无比，洗了三次头后还是痒，她妈妈只好带她去医院看，医生说是因为毛绒帽子里藏有虱子。

"所以需要剃光头发抹点儿药膏才能根除虱子的困扰？"

"对啊，我感觉很丢脸所以这几天就不打算回学校，直到买来假发才敢来上学。"

是不是真的存在神灵，是不是神灵真的听到了我渺小的愿望，这些我都不知道，我只知道我没有失去她。

谢谢。

大课间跑操铃声响后，我乐呵呵待在位子上不动，陆昊哀怨地看着我："你说了什么，龙龙就允许你不跑操了？我也想用你的理由。"

我理直气壮地回答："你就告诉他，你也大姨妈来访。"

他扔下一句："你是女的吗？说话都不会委婉点儿！弄得人家好害羞的啦。"就跑了。

他的确比我更像女的……

十分钟后跑操结束，一个接一个回到教室都是气喘吁吁的模样。同桌是直接栽倒在我身上，但她很兴奋地对我说："我告诉你哦，跑操时你家陆昊估计是因为鞋垫太长，老往鞋外跑，他直接把鞋垫抽出来塞兜里了！你是没看见！"

我想想那场面，笑得前仰后合的。陆昊一进教室立马就明白有人向我爆他的料："谁在我媳妇面前乱说话！站出来。"

顿时全班一片起哄声："亲一个，亲一个。"

我哭笑不得，抓起一本书砸向他："你再瞎说！"

好吧，我承认我和陆昊有故事，小学一年级时曾是同桌。他盯我看了一天，然后亲了我一口，当然，亲的是脸。他亲完就羞涩地跑掉了。第二天来到学校迎来的是我的一顿打。

小学就是同班同学，初中就不在同一个学校了，没想到在高中还能遇见他，我们不是情侣是冤家。

这些都是只属于我们的独家记忆，如花般盛开在你我美好的青春时光，我们的快乐忧伤鲜活地存在于每天都一样而又不一样的日子里，互相陪伴，一起走，不孤单。

一天。"听说陆昊承认你们的关系了！你们什么时候在一起的？"顾晴很八卦地在放学路上问我。

我无语望青天，默默地说：上帝啊，请杀了我吧。

第二天。"听说，陆昊承认你俩是青梅竹马两小无猜干柴烈火一触即燃。"顾晴继续八卦。

我继续无语望青天。

第三天。"听说，陆昊和你打小就有婚约？"

我还是无语望青天。

独家记忆里掺杂这些流言，重点是顾晴这个"女汉子"还信！

雨中对谈

幽篁弹筝

从画室出来已近十点半,天空中飘游着微凉纤细的雨丝,马路上的一摊摊水迹白亮地反映出这座城市的霓虹与夜色的繁华。因为下课很晚,再加上不停走动讲课的疲惫,我真想马上回到寝室也不洗漱倒头就睡。在路过小吃集中的胡同时,我想要买一份烤冷面。

平时卖烤冷面的那个略微发福一脸憨相的男人不在,是一个女人在烤,应该是他的妻子。那个男人去哪儿了?也许生病了才让他的妻子出来工作。我想他们这些人真的很不易,无论刮风下雨都要站在这儿。为了多挣一点儿钱,有时午夜了还依旧坚守在摊子前。那女人也是微微发胖,头发潦草地挽在脑后,胸前的围裙浸满油渍和灰尘。可是她工作起来手脚利索,把冷面从塑料袋拿出,放在铁板上,打上一个鸡蛋,用铁铲的前端迅速切开火腿,再放上甜面酱、陈醋、香菜末，很快一份烤冷面就做好了，闻起来香气扑鼻。

在做烤冷面时，我们有过一小段对话。

她问："鲁美的？这么晚饿了吧？""嗯，刚下课，有点儿。""这么晚才下课？"我想了想，还是如实地说："我在外面打工，所以晚了些。"她感慨地说："你妈真幸福啊！有你这样的儿子，都能自己挣钱了，也不怎么花家里钱了。"我微微窘迫："也是没办法的事儿，不像身边同学那么有钱，要不谁爱受这份罪。"她忙说："不对，你这样挺好的。他们是有钱，但是不代表他们能挣钱。花家里的就算吃好穿好有啥用？你虽然吃点儿苦，比他们有出息。"

她略微顿了下，我这时才仔细地端详她：她的脸颊上有冻伤之后留下的瘀青，里面又透出不太自然的红色。眉头和眼角向下垂，嘴角下耷，粗糙的五官拼凑出对生活的残酷和艰难所倾泻出的不满与抱怨。她嘴唇干燥开裂，继续说着："我儿子，他同学都管他叫大老土。我就告诉他，儿子，咱不跟他们有钱人比吃穿，咱花自己用双手挣的钱，不丢人。咱跟他们比志气……"我看出她欲言又止，但是又有两个女生过来买烤冷面。她给我找了钱对我笑了笑，就又开始利索地忙活开。我说："对，就比志气。"她看了我一眼，下垂的眉头和眼角，还有下耷的嘴角突然都往上翘起来，我看到她原本憔悴的面容突然变得生动,在夜色下昏黄的路灯与细密雨丝交映中竟显得格外美丽。

　　我没想到,回到寝室我竟然把刚才的对话一字不差地写了下来。我只是觉得很感动,看了看窗外,那朦胧的雨丝已经渐渐变小,却依旧听得到檐下那清透又纯净的嘀嗒声……

双 生 花

浅步调

1

夏宇，昨天晚上我又梦见你，在我们最早住过的乡下小院子里。你穿着八岁生日时爸爸买给你的大黑熊衣服，忽然跳到正在水管旁独自玩水的我的身边，对着我手舞足蹈哇哇乱叫。大黑熊的脸太大、毛太多，做得太过逼真的眼睛黑黝黝地对着我上下晃动。当时的我太不设防，所以你很成功地吓哭了梦中的我，也吓醒了现实中的我。我打开台灯，哆啦A梦闹钟的肚皮上显示夜里一点半，离你打点行囊背起包离开家去西藏支教已经一个月零九天了。

比起深夜，我更害怕傍晚。我们一起听过那个故事，那个自己去姥姥家结果被大灰狼吃掉的小红帽的故事。在我的记忆中很笃定那事发生在傍晚。不知道为什么，到现在我都觉得没有什么儿童故事是比那个更恐怖的了。我还记得当时睡在妈妈左边的你很认真地问妈妈："小红帽为什么不跟她的姐姐一起去呢？"傻瓜夏宇，我夏雪有姐姐，小红帽比不了我，她没有姐姐。

透过没有被关严的卧室门，我还是看到了爸妈卧室依旧亮着的灯。我不用走出卧室就可以想象得到，爸爸一定是在望着窗外发呆，而妈妈不是在叹气，就是裹紧被子背朝着爸爸假装睡觉。爸爸始终不明白，自己正在前途坦荡、事业蒸蒸日上的时候怎么就被裁员而提前退休了呢？

爸爸最疼的是你，你一走，他因难过又添了一丝皱纹和半缕苍老。

夏宇，这么静的夜，没来由地，很是想念你。

2

我小你两岁，却高你两厘米。可从小到大，似乎每个人都能轻而易举地辨别出你是我的姐姐。我不服，我比你高，比你安静，比你话少，伪装得比爱说爱闹爱咋呼的你成熟得多，凭啥别人都说"大丫头这么照顾这小丫头，一看就知道是姐姐"呢？

照顾？你自己说，有吗？

我身体弱弱的，都出生两年了你还跟我抢奶粉吃；

妈妈让你哄我笑的时候,你老是扮稀奇古怪的模样吓我哭;上学的时候,你天天跟一群孩子比赛跑步,丢下我自己抱着两个能压死人的书包;爸爸好不容易奖励给我玩儿的东西总是你先玩儿,吃的东西总是你先吃;我入省中时,你遇见帅哥,就拿过我的两个行李包,还指着我讪笑着对帅哥说:"这是一个不认识的学妹……"夏宇,你就认了吧,你装得再像雷锋,帅哥也不搭理你。还有名字,我表示此生都不会甘心。凭什么你叫"夏宇",我叫"夏雪"?凭什么妈不允许我改名叫"夏薛",还振振有词地说"你爸不姓薛"!要不你改名叫"夏雨"跟我一起俗,要不我改名叫"夏宇"你改名叫"夏雪"你来负责俗,否则,为了这名字,我一辈子都否定你照顾过我。

想到这里,有点儿伤感。我再吵再闹,你不在身边,似乎一切都是没有必要的。你这一走,四年都不回来,我还跟谁吵跟谁斗呢?安静的时候人还真是脆弱,我得承认这会儿我很怀念你,很怀念我们的小时候。

3

我自认为小时候很牛,看着前排小男孩儿老是在挖鼻孔觉得恶心得要死,就小流氓般找茬似的走到他跟前推他一把说:"别挖了,恶心死了。"谁知小男孩儿竟受伤害一般哇哇大哭起来。哭就哭吧,居然边哭还边用手推我,用头顶我。我推他，他竟然更用力地推我，还耍花样用手偷偷掐我。我生气了，什么也不管就是推他，用力捶他后背。在隔壁班的你闻声而来，二话不说就加入来帮我。后来爸爸生气地瞪了我们两个星期，因为别人都说，夏家的姑娘惹不起，小伙子都打不过她们。

这光荣的"战绩"一直延续至今。

一起逞强的日子，有夏宇，我才能更勇敢。

可是，夏宇，我不知道此时该如何勇敢了。我是不是应该走到爸爸跟前，对他说"爸爸，加油""爸爸，我相信你""爸爸，你最伟大"，或者简单的一句"爸爸，有我在呢"就足够了，是不是？

4

夏雪在高中的时候暗恋了一个男生，没有告诉夏宇。夏宇却被一个帅哥告白，激动得脸红心跳脖子粗，告诉了夏雪。可竟然是同一个男生！多狗血的情节！多狗血的镜头！那时候的我为了面子，流着廉价的眼泪，很认真地决定，我再也不要跟你说话了。

结果，你每晚跑我床上来凑热闹睡觉，当着我的面把他的情书撕掉，大方地包了我的三餐，周末肯德基、麦当劳、必胜客变着花样请我吃……我忽然觉得有点儿不值，我又没有多喜欢他，何必那样对你。看到我终于笑起来时，你帮我约了他一起去游乐场玩儿。

坐上摩天轮的时候，我想到了关于摩天轮的传说：一起坐摩天轮的恋人最终会以分手告终，但当摩天轮升到最高点时，如果与恋人亲吻就会天长地久。几年过去了，我早已不知那个男生的去向。

即将南行的你，带着我和你的他一起去了游乐场。天渐渐黑了，你们坐上摩天轮。摩天轮突然亮了起来，每个盒子里似乎都装满了幸福。我站在摩天轮的下方，知足地仰望着。在摩天轮转到最高点时，我才想起忘了提醒你们亲吻。不知道那个他是否会等你四年。我想让你开心，希望你们会天长地久，于是期待你们在摩天轮的顶端有一个冗长甜蜜的吻。

夏宇，你总是敢想敢做，看到远方那些孩子渴求的眼神，就毅然决然地填了支教的表格。

你坚强，你也会哭，却从不让我看见；我不坚强，常常会哭，但只会让你看见。你竟然也会肉麻地说那样深情的话："我看我妹受欺负哭，心比千刀万剐都疼。"

可是，夏宇，这会儿我差点儿想你想哭了，怎么办呢？

5

你走的时候留给我一封信，爸爸昨天才交给我。一数就能数得清的字数："妹，接下来，自己长大喽。"

我当着爸爸的面，抱着妈妈哭了半个小时。

亲爱的夏宇，我半夜突然写这封信给你，就是想跟你说，我知道了。

我明天就去找爸爸妈妈谈心，说出那些憋在我心里很久的话；我明天就去学校跟那个学长说，其实我很喜欢他；我明天就去报名参加摄影大赛；我明天就去报口语考试……

夏宇，我是很认真地在说，所以你要很认真地监督我，我会好好地做。

罐头先生,一切安好

罐头先生，一切安好

刘恬婧

彼时的我们，你高三，我高一。常常回想我们认识时的无厘头情节，人人网跳动的信息箱，只是孤零零地躺着一句话："和死党打赌了，你一星期内不回复我的话，就再也不理你了！"没有署名，没有开头和结尾，真是个好玩儿的孩子。我很礼貌地回复了你一个坏坏的笑脸，从此我们开始有一搭没一搭地聊天。虽然已经超出了你们的打赌期限，但你说："你是个双鱼座的爱笑的女生，我想认识你。"尽管我们在同一个校园，但我们未曾谋面，偌大的校园里每一张脸都存在着是你的可能性，只是能认出来的概率小得可怜罢了。帅帅的数学老师说："这是小概率事件，就是通常被我们说成不可能的事件。"我呆呆地笑了，抓着缘分的小尾巴，不可能就这样活生生地发生了——彗星撞地球啦！

某月某日的放学铃声打响了，我和筱安一起挤在熙攘的人群中，迷茫的眼神漫无目的地乱瞄，于是故事就很神奇地发生了——我的目光与你交织，定格，相视一笑，哈，小鹿乱撞了一小下。原来，那就是你！

　　之后，校园里的偶遇成了家常便饭，我们的教室隔着两座楼的距离，你坐在窗边，偶有路过，就能看你招着手对我笑。就这样，慢慢地心坎儿多了好些从未有过的感觉。你会绕大半个小镇，费力地骑上那个陡坡来载我上学，车篮子里放着给我的罐装咖啡。一路上，阳光倾泻得恰到好处，世界只剩下满满的快乐。你说刚打完球后的你有种特殊的香味儿，是很奇怪的榴梿香……

　　知道吗罐头先生，这是我第一次坐在男生的单车后座上。你会在冷冷的夜晚，任凭我天马行空地指挥，在小镇上乱跑，你边打开鼓鼓的单肩包递给我厚厚的外套，边命令我快点儿穿上。嗯，灰白相间的条纹，是你的最爱。知道吗罐头先生，这是第一次有人给我满满的温暖。

　　电话那头的你总是没心没肺地扯上一大堆乱七八糟的话，唱着自我陶醉的歌……慢慢地明白，喜欢笑、喜欢哭、喜欢闹的双鱼座女孩儿，开始对你有满满的依赖。我对自己说如果有一天你再也不找我了，也要学着习惯，慢慢走出你的生活，只是固执地不希望那一天的到来。我跟你说我们要这样很久很久。你说，你懂。模模糊糊的意思，不想弄懂，只想就这样过着有你的每一天。

你说我是个黏人的小孩儿，没人爱的小破孩儿，只是你好久没遇上双鱼座的女孩儿，路过顺便把我捡回家罢了。很久后才知道天蝎和双鱼是天生一对，只是我们是那个特例。

你说你很喜欢霸道，霸道地占有，霸道地欺负对自己重要的人，在你的字典里，霸道是个褒义词，是存在感的最好解释。

你说你是个不折不扣的坏孩子，学习成绩一点儿也不好，长得也不够好看，不思进取。自嘲啊你，你不知道就是这样的你，很真，很好。

你还说会在我高考后，带我去看那不属于南方小镇的雪，那已经诱惑我多年的皑皑大雪。那里，有好看的雪花，有梦里的雪人，那是属于心中的香格里拉，美好得一塌糊涂……

故事的尾声，是你的高考落榜。你把手机关机了，一个人闷在房间里。我打了无数通的电话，只有冷冰冰的女声一次又一次地告诉我你不在。三天后的晚上，你主动给我打电话了，安静地告诉我，考得很糟很糟，不接电话是因为不知道怎么开口，更怕我会看不起你。不过你又很坚定地说你会再复读一年的，用自己的分数证明自己，不让爱自己的人失望伤心。

最后的最后，也就是现在。依旧是冷冷的冬天，你把自己裹得严严实实的，整天整天地埋头啃一道又一道晦涩难懂的数学题，做一篇篇的完型和阅读，背那些拗口的文言文，没有别的，只想让自己强大起来。

你复读的学校是不让带手机的，简短的问候，简短的鼓励，但有着快溢出来的关心。你告诉我虽然很累很压抑，但能把累说出来就不算是真的累，所以你还是会很努力很用功，努力让所有人不对你失望。

此刻我知道，我也在路上，奔跑着前进。2013，我们都会好好的，守住这份简单而又真实的快乐，延续这一段未完待续的友谊。

罐头先生，愿你一切安好。为2013年的高考加油！

未 末 日

蒋一初

2012是未末日,这是我在新年里听到的最欣喜的话了。我没有十亿欧元去买挪亚方舟的一张船票。就算有,我也不要。末日后幸存下的我,在心中会过着每天都是末日的生活。因为浩劫带走了你们,留给我贫瘠的荒凉。

小艾,你是无敌

在外地求学,除了艰难便是寂寞。从未想过要离开家去外地念高中,但所有的从未想过都变成了现实。幸好,我们一直保持着联系。

一个夏天的日照,蒸发了我们全部的希望。高中,就这样来了。对于过去的欢笑,我怀念但是无奈。现在的我爱抱怨,爱说大道理,这些倾诉一股脑儿地全都灌给你了。我从未想过你是不是会烦，你是不是会感觉我很幼稚。因为在我心里，你是无敌。

听了你的诉说，似乎你过得比我好很多。进了学生会，交了男朋友，有了死党。这些，都是我进了高中从未想过的。大概是因为你是一个发光体吧，有太多女生针对你，背地里关于你的传言有多难听，我都懂的。欢喜与辛酸交织在一起酿就了成熟。你真的成熟多了，但却如初美好。不做作，干净而通透。

小艾，你是无敌。有了你，我便是超人。

沫君，你是信念

魔都，充满了浮华与喧嚣的城市。我不爱，但你却在。我便尝试着接受它，那个充满了你的气息的城。

你一直优秀。处于高台之上的你，我只有仰望。但我愿意，也许有一天我能与你比肩同行呢。

文字是有灵气的，写文字的人会懂，爱文字的人更是能惺惺相惜。现在的文字有太多华而不实，像极了骈体文，又或是大众口中的青春文学。我明白，张恨水终是敌不过鲁迅的，所以我正想让我的文字充满理性的思想。见到你的习作或是随笔我总能豁然开朗，因为有理想，也有恋念。所以爱极了你的文风，自然而震撼人心。

你就像标杆，承载了我太多的信念。生活很少会给人带来明确的方向，但你却做到了。我会朝着你的方向努力，成长、成熟并且成功。

你还记得我写给你的话吗？我们错过了十五岁的那场雪，遗憾但也留下了追求。十八岁的那场雪，母校门前，不见不散。

沫君，你是信念。有了你，我会爆发小小宇宙。

妖宝，你是勇气

认识你，因为某度。在某度再三抽风而且在贴吧搞起等级制度后，我依旧登录ID。这是我们的羁绊，我怎么舍得丢弃。

你太强悍、太柔弱、太理性、太冲动。真纠结，你就是一个让我放心不下的人。

我一直都是羡慕你的。你可以一步一步走在追梦的路上，辛苦但快乐。艺术生没有什么丢人的，至少我是很敬佩的。学艺术的艰难被艺考放大了，漫长而烦琐。你说你想从事动漫设计，我好佩服啊！学美术也是我的理想，但是因为家庭的原因，希冀被扼住了喉咙，死在了我的童年。

我好想见到你的作品，祝你成功！

一年后的见面成了我们的约定，你说，你会给我一个大大的拥抱。我想那一定会非常非常的温暖。

我想学理，但已经被数理化打击得体无完肤，我没有你义无反顾的勇气。我怕苦、怕难，我是一个懦弱的，但死守梦想不放手的人。所以我只能在肉体麻木时抽离出灵魂里对梦想的一丝虔诚，激励自己。

妖宝，你是勇气。有了你，我会努力抓住理想的心。

又凉，你是梦魇

你的新昵称，又凉。我不会起你那么好听的名字，正如我最擅长的文字都被你胜过一筹。

我们半年没有联系，我以为积淀三年的感情就这么断了。除夕夜你的短信融化了我心中的坚冰，于是你又开始对我撒娇了。只是我已经不会像半年前那样甜甜地叫你宝贝了，因为你已经不是我最重要的了。你也是吗？我总在你"说说"下面的留言里看到一个叫一默的女生，好像当年的我，吵着要和你一辈子在一起。

那个男生，或者是男同学，我们依旧是老样子。上帝和佛祖都没有规定两个人互相喜欢就一定要在一起，他们可以是知己。只是我知道得太晚了。当你向他表明心意的时候，我固执地以为你抢走了我的爱情。可是，十六七岁的年纪哪儿来的爱情？我们连正确面对都没有学会。

你对我说："明媚的微笑真的只为你存在过。""只"这个字太小，现在看来，你还是很快乐的。那个叫一默的女孩子或许能带给你不一样的感觉。珍惜，别再错过。

又凉，你是梦魇。有了你，我便一直虚幻着美好。

我还没有达成信念，学会拥有勇气，成为无敌的超人。2012年，你怎么能是末日呢？

瞧我这群哥们儿

郦 儒

老萧是我那么多男性朋友中最让我"一见倾心"的。小屁孩儿还是"儿童"的时候，脸上光洁，没有一颗痘痘，穿一件白色衬衣，搭一件黑色马甲，穿一条牛仔裤，斯文得让一向有"小白脸情结"的我顿时花痴了。可认识了才知道，简直是欺世盗名呀……

老萧其实这么多年桃花一直不断。一双从不沾阳春水的手指节分明，转起笔能让姑娘看呆了，然后瞬间被折服。

老萧是很爱美的，十三岁的男孩儿们都还剃着平头，他已经留起了刘海儿，遮住光洁的额头，一双眼在刘海儿下对着美女不停地放电。衣冠什么的更是整洁，一帮人出去打球，个个一身臭汗回来，偏他慢条斯理地洗洗脸，擦擦干，再吹吹风，愣是没把衣服弄出一个褶子。

老萧的第一个爱慕者还是我给帮着挡的。自此我名声大噪，我那群损友中但凡有个不堪其扰的追求者就拉着我当挡箭牌，也不知道我被人下了多少蛊了。

　　妮儿说老萧身上带着一股贵气。而我说他就是一个大坏蛋。

　　东东今年十七岁了，比我才小一岁，可他个子不高，还长着一张娃娃脸，看起来最多也就十三四岁。

　　东东的皮肤比老萧还好，这么几年下来，他脸上连个痘印也没有。为了配合自己的童颜，他一直剃着平头。每回他一剃头，我就摸他的脑袋，硬硬的青楂儿扎得手心痒痒的，然后我就摆出挺变态的样子说："小朋友，跟姐姐走，姐姐给你糖！"这个游戏我玩儿了四年还乐此不疲。因为……因为……东东假装生气时气呼呼的小脸蛋实在是萌啊。

　　东东的毒舌是一般人无法比拟的。他很细心，也很敏锐，一下子就能捕捉到重点，然后一语中的，其杀伤力之大，精确度之高，语言之尖锐，简直是难以描摹其万分之一，直叫人想当场吐血身亡。更可恨的是，他还说得特有道理，让人无从反驳。

　　我深受其荼毒，所以提醒一下，东东出没，心脏病者请自行回避。

　　西小有一生，成绩优异，性格温和，人缘颇广，实是我辈之榜样，虽其貌不扬，但克勤克俭，自立自强。继而过五关斩六将，以高分入河中，现就读于九年七班。

鹏者，心怀大志也！

不是我寒碜鹏鹏，他虽说不是对不起观众型，但也只能将长相归入"中规中矩"型。

鹏是个早熟的孩子，我们一帮人还鬼哭狼嚎不知所谓时，他早已有了自己的目标和计划。他渴望成功，也有那个能力去拼搏，只是高处不胜寒，他愈想成功，落差便愈大。幸好后来让东东一记毒舌打回现实，开始脚踏实地一步一步走。

鹏比老萧还要霸气，夸张点儿说，叫王者风范。不过他的确有那个能力领导众人。每个人都渴望领导别人，但又都愿意听他的。因为他从不高高在上，总带着招牌的憨笑，和每个人聊天说话，个个都照顾得很周到。而做决定时，又显出果断有力来。这种魅力与气魄，不是一副好皮囊可以换来的。

如果说东东毒舌，而彪则是腹黑，习惯于从你背后捅你一刀，然后呵呵笑着洗掉你溅在他手上的血……

我和彪是最合拍的，常合手把鹏往死里整。可每当我尖叫着被鹏追着满大街逃亡的时候，他永远是最安逸的那个。他呵呵一笑，说声我是无辜的，我是被逼的，鹏就信他了。陷害忠良、莫须有罪名啊——但我俩就是臭味相投。东东不止一次地说："当一个奸臣和一个奸商勾结，后果可以想象。"

的确，我们一样都奸猾，所以才那么合得来。但彪是道行高深的狐狸，我顶多是他麾下的一条滑溜的蛇。遇上危险，我唯一可以用的就是用自己的本能逃跑，而他不但可以安然无事，还有本事让人对他敬若天神。

彪人挺好的，不惹他时他是很无害的，但我就是有那个本事把他逗得脸色阴沉。通常只要不太过分，他一会儿也就笑了。但有一次，他心血来潮联合东东整我……

他见我脸放了下来，忙又呵呵笑着："好了乖了，你可以走了。"

奸人！奸笑！必须是！坚决是！

人说十七十八好年华，让我们在这个好年华里，唱着青春进行曲，前——进！

北 极 星

梁 憬

　　秋初温柔的阳光透过繁密的树叶安静地洒向世间，每一束阳光当中都有一段勾人回想的故事，在故事背后，还有那些斑驳的记忆。我感受着熟悉的柔柔日光，进入了陌生的高中，生活也因此有了翻天覆地的变化。先是从初中的无名小卒变成班长，后来又闯进学生会当了学习部部长。然后就是进到了这门高中才有的选修课，那天同学激动地摇着我对我说："阿慕，阿慕，你进天文小组了呢，运气真好，咱们年级就十个人！"就这样我坐在了天文教室里，那里面摆放着我和她一直想用的天文望远镜。

　　天文小组的辅导老师是教物理的，他一个劲儿地说自己只是业余的而不是搞专业研究的。如果这时她在身边一定会眯起眼睛，小声对我说："要是专业的能在这儿待着吗……"之后老师对我们说，如果在野外看星空，首先要认北，找那颗在北方的北极星就行了。北极星又叫北辰，北极星与地轴的北部延长线非常接近，因此可以指北。

北极星。北辰。

初一以前我一直认为姓慕的很少，可是当我初一开学介绍完我叫慕光的时候，身后便传来利落的说话声："大家好，我叫慕北辰，仰慕的慕。"原来世界这么小啊，居然在一个班里碰见和我同姓的人。就是因为同姓，便顺理成章地叫对方光和北辰。那时候的北辰留着一头细碎的短发，很清爽，身材细细高高的，看上去有些单薄。而我，梳着乖乖的马尾辫，眼睛才刚刚近视，周围的一切还不是那么清晰。其实初一时我们并没有过多接触，充其量只是知道班里有这么个人而已。

等到初二时，我也不知道因为什么事，突然喜欢上写东西。记得那时看着满树的叶子变黄，一片一片安静地掉落，心中不知何故充满哀伤。更不知道为什么一时兴起要办个文学社，竟也得到了老师的支持，不过当时我还是害怕没有人回应。就在这时，北辰站出来了，笑着说："没事儿，我支持你。"听那口气像是多年的朋友，可是我们并没有什么交集，难道是因为同姓？暂且理解成这个吧。后来我问她的时候，她好像并没有什么印象，只是说看着我很亲切。可是从那时起，我记住了她和她的笑容。

之后我们以文学社的名义演话剧给同学们看，每晚我和北辰聊短信到很晚，有时候是商讨剧本和道具的事情，其实这其中还穿插着很多其他的东西。慢慢地，我与北辰互相了解的程度已经不局限于我们同姓了。我知道她喜欢星空，喜欢五月天，还有她内心深处的一个人……

我抬起头认真地听老师讲天文望远镜的构造、使用方法，还有怎么拍清晰的天体照片。我推了推眼镜，周围的事物越来越模糊了，不知道从什么时候开始戴眼镜的频率变高了。如果她在身边的话，看着我认真的样子一定会笑，一定会对我说："好定力啊，什么时候你也这么认真了？"是啊，什么时候我也如此认真地对待这些日渐模糊的东西了呢？

那个时候家长管得很严，天天告诉我要好好学习，以后才能有出路，有时还拳脚相加。而我却听不进去，想大喊，这些道理我都懂。但又惧于家长的威严，就把送到嘴边的话硬生生地咽了下去。只有到了学校，才和北辰说这些关于家中的不如意，还有内心的不快。她会安安静静听，适时地回应一下，等我说完，再坚定地告诉我："光，我们一起努力，活出我们自己的一片天空，就像每颗星星都有属于自己的位置一样。"我点头应允。现在想想，我从没关心过她，她爸爸的脾气很火爆，其实她遭受的痛苦比我有过之而无不及，可我却自私到对她的一切不过问，还把自己的痛苦强加在她的身上。

在学校，一周有三天下午有自由活动课。因为那时我是体育特长生，又是体委，所以对这类课有些厌烦。于是我和北辰就在每周活动课时偷偷溜到学校的图书馆外面的楼道里，学校的图书馆那个时间是不开的。我们坐在长凳上，有时是在台阶上，拿出准备好的稿纸或本子开始了在家里和学校都禁止的创作，还有听歌。我们共用一个MP3，一人一只耳机，放着她喜欢的，我爱听的音乐。那时她最喜欢五月天的《如烟》，尤其是歌词。

"有没有那么一滴眼泪能洗掉后悔／化成大雨降落在回不去的街／再给我一次机会将故事改写／还欠了他一生的一句抱歉／有没有那么一朵玫瑰永远不凋谢／永远骄傲和完美永远不妥协／为何人生最后会像一张纸屑／还不如一片花瓣曾经鲜艳／有没有那么一个明天重头过一遍／让我再次感受曾挥霍的昨天／无论生存或生活我都不浪费／不让故事这么的后悔／有谁能听见／我不要告别……"

我曾问过北辰，如果时间可以倒流，你会怎么过。北辰很坚定地告诉我："光，如果真的可以重活一遍的话，那么我会原原本本地再活一次，不做任何改变。"就是那样地再活一遍。我不敢回答自己，若是重活，会怎样走下去，恐怕没有北辰的那份坚定不移吧。

就像北辰喜欢五月天那样，我中意于南拳妈妈，那个曾经是四个人的小团体。他们一路唱着《湘南海鸥》《不该结束》《牡丹江》，充满了我的整个初中。

"嘿，阿慕，你喜欢听谁的歌？"下课时邻桌的女生问我。

"哦,南拳妈妈。"我淡淡地答着。

"哦,就是演熊猫人的那个南拳妈妈吧,我知道,成员是弹头和宇豪。"那女生恍然大悟的样子说。

我轻轻地笑笑,原来,没有人会记得南拳妈妈曾是四个人,我猜只有北辰会记得吧,如果运气好,她还会记得我说过我最喜欢最初的南拳妈妈。

当我告诉她我最喜欢最初的南拳妈妈,她很自然地问了我为什么,我告诉她,因为那才是最真实的南拳。

后来,那个放荡不羁的初二就如地球围绕太阳旋转似的,很自然地随着季节变换过去了。谁都知道对一个初中生来说初三的地位。我想了好久,觉得我很多事情搅乱了她,耽误了她,就写了很长很长的信说我该离开她了。现在想想我那时有多么的愚蠢,我若离开了她,似乎对她的影响会更大吧。这是我唯一一次为她想,但却又是极其失败的考虑。那时,我还年少。北辰看到后又回了长长的信给我,她说我们没有必要搞得像绝交一样,顺其自然该怎么走就怎么走吧。这是不是正如每颗行星都要顺着自己的轨道行进,不易改变一样?以后也就如北辰说的那样,顺其自然了。

有没有听说过,两个人做平行线比相交线要幸福,因为平行线可以一直那么关注着对方,可是相交线在相交过后只会越走越远,直到对方消失在远处。而我们却无可救药地相交了,只不过,留下的是相交时那段美好的回忆。

记得有次体育课跑完八百米以后北辰竟然哭了，一直以来那么坚强的北辰竟在我怀里哭了。兴许是太累了吧，或者是因为这画面太过像曾经，曾经那段对她来说很重要的感情。她告诉过我，恨总比惦记容易放下，所以她才没有在那个人去澳洲前最后一遍问她"你就真的一点儿都没喜欢过我吗"的时候告诉他，她是多么在乎他。我只是呆呆地站着，一直一直地站着。北辰，你是对的吧，可是我什么也不懂，他也许真的注定永远也成不了你的守护星。

一直对体育很放心的我却在考试中失利了，因为篮球失误而与满分失之交臂，我已找不出什么词来形容我的感受，只是失神地望着远方，满眼尽是迷茫。就在我的灵魂迷失方向的时候，还好有北辰，她安慰我说："没关系的，你看我也是差一分，如果咱们中考像一模成绩那样一模一样，高中就可以上同一所学校了。"我直视着她的眼睛，那里面有的，是我无论如何也没有的坚定。一模成绩……北辰，你还记得吗？我们曾经约定要考同一所高中，选修一起上天文，一起用天文望远镜看你所向往的星空的，那么，为什么我们食言了？

课桌上有一张语文考试的试卷，老师笑容灿烂地告诉我，我是第一名，第二名的分数与我差了很多。我却没有他预想的那样欣喜若狂，勉强抬了抬嘴角。那一刻，我感到莫名的寂寞，如果北辰在，她一定会考得更好，就算是我超了她，那也许相差不过半分，又怎么会像这样，与他们差得这么远。北辰不在身边，周围的一切原来如此陌生。我现在很迷茫啊北辰，未来的方向究竟在哪里呢？我想不出。

初三最后那段阴晦的日子，是我与北辰相互扶持着熬过来的。面对漫天的卷子、老师的叮嘱和家长的唠叨，我和北辰真的想逃避，却又有些不甘，已熬过这么久的时光，在这个时候放弃，是不是太可惜了？

中考的前一天，北辰告诉我："光，你知道吗？人们在野外的夜晚识北时，其实是看那颗不怎么亮但位置不怎么变的北极星的。以后，我们要一起看星空，答应我。"

中考的三天并没有想象中的恐怖，反倒是意外的平静，花了三年时间准备的一次考试就这样安静地过去了。后来在度过熬人的假期时，觉得有些空虚，是少了什么吗？那时的我相信，如果有想见面的心情，北辰，我们还是可以再见面的吧。

从前从来没有想过没有她的日子我该怎么过，还没等我想就已经分开了。现在的我，面对周围越来越模糊的人和事，犹豫地迈着前进的脚步，害怕做错什么事，如果她在身边便不用害怕，因为有她永远站在我的身后支持着我。

对她的依赖和想念是那样的深切，关于她的记忆是那样的清楚，就如记得自己名字那样刻骨铭心。在高中的第一个生日时想，没有人会记得吧，结果却很早在公车上接到她的祝福，虽然只是简单的四个字，但我觉得足够了。泪水不听话地流出来，那一刻脑海中出现的只有她的笑脸，耳边回响着的只有她叫我时的声音：光，光……现在已经没有人这么叫我了，大家都叫，阿慕，阿慕。这应该是我们两个人的称呼，只不过，他们不知道罢了。在没有你的日子里，我一个人尝试着慢慢变坚强。

其实天文老师没有讲北极星以前，我就知道，是你告诉我的，记得吗？

只不过，后来我才知道，它原来还有个名字叫北辰。

有你陪着这样走

刘雨婷

杳然，你一定不知道我会写一篇文章给你吧？也是，你平时总是嘲笑我，笑我傻，笑我笨，如果有一天你能看见它，我都不知道你会是什么样的表情，一定又会大呼小叫："写的什么啊……我有那么坏吗！"

刚刚转学到新班级的时候，老师安排我和你坐在一起。临走时还拍拍你的肩膀，意味深长地回头看了一眼："要好好照顾新同学！"你一脸"交给我你放心的表情"，对老师挥了挥手。

事实证明，老师的这个决定是多么史无前例的错误。

呃，你开始表现得相当腼腆，我也相当腼腆，当然，我不曾了解你的厚颜无耻，你也不曾了解我的辉煌战绩，以至于我们最开始的对话弱智到——

"你在这里吃得还习惯吗?"你问。

"挺好的,谢谢啊!"我答。

"没事儿,都是同学,有不适应的地方和我说啊!"

我当时心里感动得稀里哗啦,这哥们儿的人品,没话说!以后一定和人家好好处,千万不能欺负人家。

但经历了一个星期,我真心为我当时年幼无知的想法感到可耻。

时间久了,你就不是你了。

某天,你领着一哥们儿从我眼前晃来晃去,走过去,又返回来。我就想你这小子肯定又要……

果然,你一脸谄媚地对我说:"妞儿,你长得真漂亮。"

我挑了挑眉,里面有诈。

你对旁边的男孩子说:"看!我同桌漂不漂亮?"一副暴发户炫耀女朋友的嘴脸。

"漂亮。"那男生窃笑着说。

"这就对了嘛,我就喜欢你这种没见过世面的!"说完揽着你的哥们儿,袅袅地离去。

留我在原地满脸黑线,想掐死你……

正在上晚自习呢,你不时地回头看看我,我把笔放下。"你想干吗?"

"没事儿，我就是看你脸蛋儿白里透着红的真好看。"

我微微红了脸，似是要映衬你刚才的那句话。

你又故作迷茫状："为什么我每次见到它都有停下来的冲动呢？本山大叔的小品里怎么说的来着，我把猴屁股当红灯了！"说完，你异常猖狂地笑了。

杳然，你知不知道这世上有一个词叫"欺人太甚"？

自此以后，每次你夸我，我就当耳旁风，每句好话背后都是陷阱，老师讲的什么先扬后抑你倒是用得挺好。

你这么欺负我，我表面上做到了云淡风轻。老师曾经和我说过，别人越惹你生气，你就越不能表现出来，要不然他该总是欺负你了。但是，我都不理你了，你怎么还总是欺负我呢？

有一段日子，真是恨你恨得牙痒痒，甚至做梦也梦见我拿着那本大的《新华字典》朝你头上砸去，你边躲边求饶："我不敢了，再也不欺负你了！"梦里我那个威风啊，你那个无能啊。

第二天，我声情并茂地向你讲了这个伟大的梦，重点突出了你的抱头鼠窜和我的威风凛凛。

你听完后，特别鄙夷地看了我一眼："孩子你看奥特曼看多了吧。"

说完又捋了捋你额前的几撮头发："像我这么风

流……"

"滚！"又来了。

其实，你除了嬉皮笑脸外加没皮没脸，也还算是个积极向上的五好青年，尽管我百般不承认，你确实也算是帅哥一个。晚上在宿舍，咱们班的好多女生都在讨论你。每到这时我都蔑视她们："哪里长得好看了，黑煤球似的。"其实你不知道，说那样的话，我的心里是有一点点紧张的，有一份小女生的虚荣，我对大家那么喜欢你毫不在意。

只不过是，我心虚。

你的成绩那么好，每次我的成绩不是第一名的时候，光荣榜上总是你的名字。我总愤愤地想，下次一定超了你。但有时候看着我们两个人的名字安安静静地排在一起，心里总还是有几分窃喜，真想让时光就这么静静地流淌下去。

你读过的书很多，整天有事没事都喜欢教育我。谈三国的时候，我说："我喜欢刘备，德才兼备。"你说："也就你们这些小女孩儿才喜欢刘备。"你说你崇拜曹操，你说那才是乱世英雄！

你告诉我女孩子不能总看言情小说，娇气又没营养，应该多读读诗词，于是我就在你的影响下看了安意如、白落梅的很多书。

有一阵子，我疯狂地迷恋那首《错误》。

那天晚自习，我满心欢喜地给你读这首诗："你打江南走过，我的容颜如莲花般凋落……我嗒嗒的马蹄是个美丽错误，我不是归人，是个过客。"

我期待着你能说点儿什么来配配当时这个景，谁知你回头不解风情地来了一句："闲得难受吧你，大晚上的你煽什么情？"

快要升高三了，你开始变得沉默起来。

开始我以为是因为学习压力，毕竟上高三了，同学们都知道着急了。可是你竟然开始不认真学习，那次月考，你甚至出了年级前三十名，你不再欺负我，眉头总是皱着，仿佛变了一个人。

面对这样的你，我开始不知所措，偶尔我给你讲道数学题，你也听得心不在焉，讲完后，你甚至还生硬地和我说谢谢。

你到底怎么了，这样的你让我感觉自己和你的距离很远很远，我不敢问你发生了什么事，只能独守空城，小心翼翼。我想，如果你足够信任我，总有一天你会告诉我的。

我开始意识到这就是喜欢吧，会为你的不开心而难过。

我真的开始手足无措，面对这样的一个自己，面对这样的一个你。

后来班里组织去爬山，你同样闷闷不乐，爬到山顶的时候，我看到你站在那里，背影落寞，那一刻，真的仿佛周围所有的景色都落寞了起来。我不由自主地走了过去："心里不痛快，就喊出来啊。"我轻轻地说。

你愣了一下，看向我，我莫名地心虚。"一，二，三，我喊了啊！"我冲你一笑。你也轻轻地一笑，"啊——"你喊得很大声，引得周围同学都看向我们，然后，他们也都像我们一样，大声地朝山下喊。

后来，你坐在那里，眼睛看着山坡上的松树，对我说了困扰了你那么久的事，你说你想去学播音主持，你说你很喜欢在舞台上表现自己，你说那是关乎你梦想的事。你说你很害怕，爸妈和老师都反对你，你怕你将来学不出成绩来被所有人耻笑，你怕你从此会被淹没，你对你不确定的未来感到恐慌。

我能感受到你深深的无力和恐惧，可我却无能为力。

我想了很久，才敢开口对你说，杳然，你知道我们青春最大的好处是什么吗？就是我们敢于说出梦想这个词。如果你对于自己坚持的梦想都畏首畏尾，那我们还能坚持什么？带着梦想前行，一定会充满力量的，如果你不知道该怎么办，那就风雨兼程地赶路吧，当有一天你站得够高，世界总会看得见。我不能给你引导，但我会给你向上的热情和信心。

我们坐了很久，直到最后你把头埋进臂弯里，哽咽起来。

你是这样的一个男子汉，很要面子的，我故意别过头去，良久，听到你轻轻地说，谢谢。

下山的时候，你的心情好了很多，"欸，刚才的事情不许说出去啊！"

"啊？我晚上饭还没吃呢……"

拍照的时候，我们十几个人分散着坐在台阶上，你坐在最后面，我看你在那里，刚想过去，转瞬又觉得这样太刻意，便坐在了最前面。

我坐在前面，问了一下后面："我这样不会挡着你们吧？"

"不会。"后面同学善解人意地笑笑。

"挡着我了！"你在后面大叫起来。

你跑到前面来，把我赶到后面，到了最后一级台阶。

你略带紧张地看向我，轻轻地牵起我的手："这里，才是你的位置。"

我的心为什么狂跳起来？

突然好想你，你会在哪里

暮浓城

气温逐渐升高，城市里已有了夏天的气息。

我就在这样炎热的天气里在操场上拼命地奔跑，一圈一圈地奔跑。然后和班上那群浑球儿一起打球，虽然我是里面唯一的异性，纵使我和他们打一节课也没法子进一个球！漫漫说："做人要知足！那群浑球儿会带你一块儿打球还不是全托了苏叶的福！"

对，全部都是托了苏叶的福！

苏叶是个浑蛋，是那群浑球儿的头儿，是整个年段里出了名的好学生坏人物。你一定没有办法想象，明明是年段前五十的苏叶会打架喝酒夜不归宿。并且，苏叶还带着他百年不变的黑白眼镜，据我鉴定，那副眼镜还是没有度数的！所以曾经苏叶被我一度吐槽为神经病。但是这个神经病就是有那个魅力让所有人跟着他在年段里大摇大摆地干坏事，或者是在课堂上捣乱并且老师还不管。

不得不承认，苏叶很有魅力，是高高在上的天之骄子。

我会遇见苏叶全都是因为考试，就是那传说中的该死的月考。

苏叶是年段前五十，他为了照顾那个漂亮、说话声音发嗲的"小女友"，所以和他女友前桌的人换位置。而这就是最狗血的地方！我就坐在他的前面……

据后来苏叶说，他是第一次见到这么那什么的女生！当下我就发狂了，什么叫作这么那什么的女生？我第一次见他好歹也干干净净清清楚楚好吧！就是嗓门大了点儿！就是遇到不会做的题目抄人抄得明目张胆了点儿！除此之外，我也实在想不起来我还有什么可以引起别人注意的地方了。

但是那次月考以后，苏叶就阴魂不散的，在整个不怎么大的校园里，一天起码也得见个五六次。而我也开始怀疑，是不是苏叶看上我身边的谁了？后来苏叶知道我这个想法后，当时脸就黑了，眉梢抽搐，指着我骂："阳阳你个笨蛋笨蛋大笨蛋！"他说得很认真，我看他得也很认真，最后我好不容易逞强了一次，对他说："就算是笨蛋你不也和我在一起了吗？"

苏叶自诩风流倜傥，我骂他衣冠禽兽。

他追我用了一个特别土的方法——写情书！

那封情书至今还在我的枕头底下。是特别要不得的牛皮纸信封，里面有一张巴黎铁塔的彩纸，上面只有一行清秀的字迹，清清楚楚地写着：阳阳，我喜欢你。

好，我承认我动心了！

好，我承认我骄傲了！

他在把情书不知道转了多少个人的手给我以后的第二天就从二班跑来找我。他修长的身影在夕阳的余晖下似乎镀了一层金，精致的面容唇角勾着似笑非笑的坏笑，我盯着他那张魅惑众生的脸最后很没骨气地红了脸。苏叶的脚步缓慢，他走到我面前，俯下身来凑近我，我清晰地看见他眼底的微笑，那么的深刻而温柔。

我突然就清醒了，然后很无力地发现，阳阳你完了！这下好了，沦陷了！

从那以后，苏叶和我在学校里经常在一块儿，是个人都知道我和苏叶在恋爱。这让我还是在心底暗自骄傲了一把，好歹对象是一个大帅哥，就算分了也不亏。我把我的这个认识告诉漫漫，她在转身之后就立马屁颠屁颠地跑去告诉苏叶，结果的结果就是苏大少爷不理我了！虽然最后他被我的一杯奶茶给收买了回来。

日子就是这么一天天地过。苏叶会每天送我到家，会每天很准时地说早晚安，会带着早餐特地带来学校给我吃，还会在我难过的时候边帮我擦眼泪边骂我说："哭得难看死了！"

有时候我看着他和我一起当神经病,我实在是不知道为什么这样一个人能让那么多女生芳心暗许!

高考之后,不出乎意料的,我和苏叶天各一方,我和漫漫则一起上了二本。在刚开学入住宿舍的那一天里,我在收拾完所有东西以后就坐在床铺上。整个宿舍只有我一个人,显得十分空荡。我突然就想起了苏叶,然后低低地清唱着五月天的《突然好想你》:"突然好想你/你会在哪里/过得快乐或委屈……"

手机突然振动,我被吓得回过神。

这是一条匿名的短信,短信只有简简单单的几个字:阳阳你给我滚下来!

顿时我瞪大了眼睛,不可置信地反反复复看着这条短信,忽然鼻子一酸,不顾形象跌跌撞撞地朝着宿舍楼下跑去。在宿舍楼旁的那颗梧桐树下,苏叶一脸怒色地站在那里,见我跑来死死地盯着我看。

我捂着嘴忍不住哇哇大哭起来。

我原以为我应该放弃你,却从没有想到你那么执着地紧紧抓着我的手,死都不让我逃离。

"突然好想你,你会在哪里?"

"笨蛋,我就在你眼前啊!"

一场无疾而终的单恋

暮 雪

座位大规模调整。

我再也等不到那个"一周后"了。

我以为,一周后,我能坐到第二组,而你能从最末一组坐到第一组,我们仍是同桌。

我以为,一周后,我仍能将不会的数学题全部甩给你,然后你用着对待白痴的耐心给我一道一道地讲解。

我以为,一周后,我仍能看见每天早晨九点多钟的阳光洒进教室,落在你身上的样子。

我以为,一周后,我仍能小心翼翼地感受你对我的好。

而现在的我们,隔着数米远的距离,遥远到如何变换座位,都不再有相遇的可能性。

无比意外地发现自己心里竟有一种隐隐的疼痛,一种难以言说的微凉。那应该就是"失去"的感觉吧。

可笑的是，我根本谈不上"得到"了什么，心里空得厉害倒是真的。

你不在我左手边，我上课必须强撑着不睡，因为没有人会叫醒我。

你不在我常习惯性转头的那一边，我每天在学校里无比认真地写完作业后，一转身却不知道该递给谁。

你不在我心脏跳动的那一边，我都不知道我这几天是否笑过。

你不在，不再在我旁边。

不知道这是为什么，当初明明心心念念着不喜欢不喜欢，却又心不由己；明明对你各种节操掉一地的玩笑不耐烦透了，却仍有些没来由的喜欢；明明知道月考后的座位调动是必然，却一次又一次固执地告诉自己我们不会被调开。

也许在我还不知道什么感觉是喜欢的时候，我已经对你"有感觉"了吧。

可真正让我难过的，不是你不再坐在我身边——毕竟我们原本就不该有任何交集。

而是我偏偏喜欢上了心有所属的你。

所以，我才不会希求你对我有多特别，却又对你那一点儿微不足道的好如飞蛾扑火——那种好就算不及你对她的万分之一，却仍让现在的我无比想念。可我什么都不是，有什么理由享受你的好？有时候多渴望我们之间能有一点点哪怕是模糊的联络或羁绊,那样才会让我心安理得吧!

当初的我面对你美好的面庞常常会微微出神,却没能意识到那是一种危险的征兆——那种面对你的茫然无措终有一日会如杂草般疯狂地蔓延成一种寂寞的想念,占领我的大脑,扰乱我的心智。

我想表达,却隐忍着,与其让我们之间的关系彻底崩坏,还不如坐在你身边,以一种缄默静好的姿态看着你,不曾得到便不曾失去吧。

有时候感情就是这样,你无声无息地付出了全部,却连在他心中的一席之地都无法换取。到最后的最后,只能是那种连台词都没有的路人甲。

这大概是我最悲哀也最可笑的地方吧。

这次的变动,仿佛一个电脑程序,在一个适当的时候让一切归零,也许什么都不曾有过,那些都只是我的臆想呢。

我把头轻轻埋进臂弯,没有眼泪,却仍然好想大哭一场,不为别的,只为祭奠这份脆弱早夭的情感,这场无疾而终的单恋。

电脑程序还是没能把记忆删去,我仍然清楚地记得那个阳光灿烂的午后,你在她猜忌的目光下轻轻揽过我的肩头,笑着说:"她是我的好哥们儿。"窗外的金色阳光温润缱绻。

你没有发现我脸上淡淡的失落。

记忆最后的那片蔚蓝海

卡布奇诺的专属思念

七月箫

第一次在意你,是我们一起去KTV的时候。你还记得吗,喏,那时你总喜欢戴着一对白色耳麦,身边的一切都幻化成泡沫,消失在你的世界里。你就是上帝的宠儿,阳光打在你墨绿色的衬衫上,耀眼得令人嫉妒。

孩子气地一遍遍拨通你的号码,在这个城市不同的KTV里,我相信,这样或许我们更近了吧!

可是为何现在,在城市不同的角落里再次拨通那个熟悉的号码,耳边甜美的女声总会告诉我"您拨打的用户正忙,请您稍后再拨"。喏,你说过我们还是朋友,可是你的行为告诉我,明明我连敌人都不如,再多的牵挂已没有权利表达,我的世界,寂寞不听话……

也许她说得对,分手之后不可以做朋友,因为曾经伤害过;也不可以做敌人,因为曾经相爱过。

第 一 站

　　岁月静好，你还是那么自恋地猜测着我的小心思。喜欢你坐观一切地嘚瑟着，牵着我在篮球架边站好。

　　傻小子，没有你这样的吧。天冷得让人只想缩在被窝里，你居然敢把我拎到这儿看你打球？

　　走路时像小熊维尼，笑起来又像海绵宝宝，唔，你真不像打篮球的那块料。可是完美的扣篮，精彩的盖帽，顶着光环在球场上挥洒青春与汗水，你从来都是那么夺目。

　　呆呆地站在一群男生中间，想不到自己还可以这么执着地抽着鼻涕，延续我漫长的姿势——等待。贪婪地嗅着怀中你的外套，被你称为体香的味道，让人沦陷到无可救药。想象着黄昏的时候你又可以牵着我在学校里瞎跑，然后走在我前面慢悠悠地晃到车棚，载着我驶向不知名的远方⋯⋯

　　每一片落下的悬铃木叶都承载着一份欢笑，我每天都在数着剩下的叶片，数也数不清的幸福传说。唔，我会被你宠坏的。谢谢你，谢谢你在这个"光棍节"里让我成功"脱光"，让我在这个陌生的城市，在这个寂寞的校园里，拥有童话般的成长。

第 二 站

　　校园广播站还在放许嵩的歌,你突然从身后掏出包装精美的平安果,让我不知所措。

　　"可是,今天还不是平安夜呀!"接过你手中的小礼盒,我听见幸福也在疯狂地滋长,在我脸上印出褪不去的红云。

　　"那没关系呀,你就明天晚上吃,你要给我一年都平平安安的!"如果可以,我宁愿被全世界都嫉妒。在这场暧昧的偶像剧里,再也容不下其他了。

　　晚自习过后,就冲进那家顾客爆满的礼品店。喏,我要让你做最幸福的王子,收到最能代表爱意的礼物!身边的同学已经不耐烦了,她被我拖着选礼品,说我白痴得无可救药。

　　"哎,我说苏啊,你再耗可就要迟到啦!"

　　这个该死的市重点,搞什么特殊嘛。晚自习过后还要去图书馆自习(寄宿生),真扫兴!

　　"好吧,那就选这个漂流瓶,还有对爱心小猪喽!"

　　拜托老板包装后,拽起单肩包奔到图书馆去。如果迟到了,我该不该扬着笑脸跟值班老师说:"因为幸福!"

　　那该是怎样兵荒马乱的自习课,一手撑着无尽的夜,一手写着无尽的作业,但心中却始终是关于幸福的寓言,以至于自习完后,我还没命地跑到那家已经关了店门的礼品店前,只为在漂流瓶中塞上一张小纸条。悻悻地回来,宿舍管理员已经在铁门上绕上锁链了。

双手撑着下巴,在漆黑的宿舍门外望着夜发呆,眼泪毫无防备地流了下来。不再透过镜片看虚像的世界,原来有你的城市,没有星星夜也可以很唯美。橘黄的路灯温暖地打在悬铃木的叶片上,满满的都是爱。

第 三 站

你带我去这个城市最有名的学府,你带我到你家的楼下,你带我修剪糟糕的发型,你带我穿过大街小巷,让走过的每个场景都是回忆,让这空气都充满你我的气息。

元旦前夕,我一个人待在宿舍楼下,守着死气沉沉的楼层一点点地绝望。所有的寄宿生都该回家了吧。而我这个贪玩儿的家伙,今夜要何去何从?总是先想起你,平时记不住你的号码,现在却能在公用电话上手指点得飞快,拜托你,我真的没有办法了,你接电话呀!

"嘟——"算了吧,你说过家里有事的,我怎么能指望你呢?我用初三的时光换来的城市,夜空与土地一样荒凉。礼品店和奶茶店都拉下了卷帘门,喧闹的大街原来可以如此空旷,让冰冷的柏油路上,铺满悬铃木的伤。

缩着脖子站在红色巴士门前,你知道吗,你出现的时候就好像披了一身的圣洁光芒,一脸的心疼让我犯傻。

你从来不找任何借口,可是为何你明明有理由不来陪我,还让我错怪你那么久?你也许不会懂,不善表达的蟹子,那张麻木得没有给你一点儿笑容的面具下是一张怎样幸福的脸庞,看你没有戴上手套,我又怎能忍心让你在这漫长的黑夜里受凉,所以让你戴好手套、耳套,回家。

转身跑开的那一瞬,我庆幸自己没有泪流满面。

可就是在这样的一个夜里,五层的宿舍,我一个人,胸中的暗涌决堤的时候,我握着你画的桃心,做了大半夜美梦……

下一站,去哪里

我们这是怎么了,1月18日你的日志里满满的都是"贪婪的家伙",你说我们之间完了,你说我只是喜欢和男生玩儿暧昧的游戏,你说我就像《叹服》里的女主角,你说寂寞下手毫无防备……

可是,你新近的个性签名里,还更新了这样一条:新的一年里,我要找个能让自己成绩更好的女友……

要怎么证明我没有说谎?当你喜欢我的时候,我不喜欢你,当你爱上我的时候,我喜欢上了你,当你不爱我的时候,我却爱上了你。我们错过了挪亚方舟,错过了泰坦尼克号,错过了一切的惊险与不惊险,我们还要继续错过。我不懂得我的寂寞来自何方，但我真的感到寂寞。你也寂寞吧，世界上每个人都寂寞，只是我们的寂寞不同罢了。

九天后，我才看到你的日志，那句不痛不痒的话让我浑身颤抖：今天我正式和苏提出分手。为什么连分手也是让我最后知道？就算正如你所说，一切都是我的错，为何连认错的机会也不给我？

可能我浪荡，让人家不安，才会结果都阵亡？

许嵩的声音依旧那么平静，可是如果我真的是《叹服》的女主角，我不会让心里的童话慢慢溶化，那段没有离别的灿烂时光里，我要给它加一个期限：永远。

都是我的错，是我没有资格。今后的日子里，要怎样抬起头一个人看满天烟火，要如何排长长的队在好茶工坊里等待，要如何有勇气去寻找遗失的美好？

要记得冬天骑车戴手套，要记得每顿多多少少吃点儿，要记得不要玩儿电脑时间过长，要记得别把外套乱扔，要记得打球后给自己买瓶水，要记得拒绝小摊上的东西，要记得找个能让你成绩进步的女孩儿，要记得对自己好点儿，傻瓜。

此去经年，应是良辰美景虚设，便纵有千种风情，更与何人说？

你我若只如初见，何惧这场离别，人生若只如初见，还不如不见。

谢谢你让我爱过一次。你把我丢在过去，找不到下一站要去哪里……

喏，也许下一站我将会忘记你，呵，我还有一辈子可以用来努力。

你好，兔子先生

浅步调

兔子先生：

北京的春天和夏天衔接得太过仓促，穿多了会觉得热，穿少了又会觉得冷。在五月六日立夏的那一天，也没管冷热，我换上了你送我的牛仔短裤。它的款式它的颜色我都喜欢，兔子先生，眼光真的不错。

在寒冬腊月的二十八号，我家楼下，我收到了你送来的生日礼物，还有边哈气暖手边随意说出的离开宣言。你说："亲爱的，我要出国了。"

说过多少遍，不准喊我"亲爱的"，你不怕你未来的女朋友误会，我还怕我未来的男朋友不解呢。

兔子先生，按佛家所言，前生千次回眸才换来此生一次擦肩，估计咱俩上辈子肯定没空做什么别的事儿了。当初听到这话，是真没觉得美，还放肆地笑着跟你说："什么呀，要那样我脖子早扭掉了。"可现在，我在想，是不是回眸还不够多，要不然，怎么这么快我们就又分离了呢。

　　我从在妈妈的肚子里就认识你了吧？你大我一岁，住我们家隔壁的隔壁。我妈妈你妈妈都跟你说："大哥哥要照顾小妹妹。"你就真的撸起袖子跟欺负我的那个老抠鼻孔的小男生急。做游戏的时候，我不喜欢做老受欺负的小白兔，你就做伪白兔让我这个伪大灰狼伪老虎欺负。那时候，老师教我们的礼貌用语里有一个"先生"，我喜欢电视上那些漂亮的女孩子说这名词时的神态，从此就喊还是小男生的你兔子先生，一直喊到现在。

　　你都还记得吗？不记得的话，我来提醒。记得的话，我来巩固。

　　小学四年级的时候你就搬家了，我的难过没有持续很久，因为不久我们也搬家了。我在新学校的运动会上百无聊赖地嗑着瓜子，可是男子百米赛跑上那个红色队服的男生让我忽然不淡定起来，我在不到一分钟的时间里跳着脚，很大声地重复了不知多少遍"兔子先生"。

　　世界也不是很大嘛，只要不停止脚步，只要朝着同一个方向，经纬图上的两个点，茫茫人海中的两个人，总有相见的时候。

　　兔子先生，这会儿，我有点儿想念你。最近看了本书，《陪安东尼度过漫长时光》，那个在墨尔本读书学酒店管理专业的男生，别人也喊他兔子先生。想起你跟我说你在做兼职自己买了辆车，租了房子，认识了不少中国人还有不少外国人。我觉得两个兔子先生真的好像，只是不知道你有没有跟他一样有些时候不快乐，有些时候怀念某些人。

你阻止了两次我跟帅哥谈恋爱的机会，到现在我都还愤愤不平。可是，现在身边的朋友大都正在进行时了，我还是享受着孤单的旅程。妈妈那天打电话，隐约地说"大学了，以前我不让你做的事现在可以做了"让我直接想晕死过去算了。

兔子先生，我现在越来越觉得自己是个伪九零后，之前，你对我的伤春悲秋都是以很用力地推我脑袋作为回复。现在你不在我身边，怎么办？我又控制不住时时涌来的伤感了。

我看了很多遍的《大话西游》，那个我们从前一起被感动过的电影。还曾经因为周星驰而排队大半天去看《长江7号》的宣传，可惜觉得他好老，没有了当初至尊宝的模样。我看到贴吧里有人说："紫霞从羽毛状的芦苇里出来，划破沉睡千年的水面，朝着灾难一样的幸福驶去。"这句话让我难过了好久，形容得很贴切，兔子先生。

兔子先生，我家的小狗不在了。那个在我上小学的时候小哥哥送来的小狗，它不在了。我因此哭了好久，妈妈说它最后的时刻都没有家人的陪伴。

兔子先生，你要开心哦。我穿着牛仔短裤，想起那天的你看着不停哭的我，轻轻地碰着我的头发说"我的女孩儿，以后要开心"，忽然泪流满面……

与 七 书

深深深夏

1

苏子衿与我的第一次见面是在开学前的体能测试上。那是我最不愿意回忆的场景,可偏偏这小妮子喜欢拿它来说事儿。

都怪学校跟风搞体能。要说只有跑步、跳远、仰卧起坐之类的正常项目也就算了,可我瞅了半天脚边黑不溜秋的铅球,愣是没明白它跟体能测试有啥关系。但当我企图拾起它时,一个趔趄发现我小看它了。我用双手好不容易抱起它,晃晃悠悠都没站稳呢,眼前突然一黑,跟着一个庞然大物朝我扑来,我一惊,手就松了,这一松,大家都懂的——球砸脚上了——我的脚。

其实这事要怪谁都不能怪我吧，明明是学校在体能测试上莫名其妙地测铅球，明明是苏子衿那家伙没站稳倒我身上，明明是自由落体运动的铅球好巧不巧跟我的脚来了个亲密接触。好吧好吧，我承认当时我碍于面子，死活说自己一点儿也不痛，演技逼真得老师同学几乎都相信了，只有苏子衿二话不说，背着我就往医务室走。

　　我记得很清楚的是，苏子衿当时对我说的第一句话："同学，痛你就喊出来，反正我也不认识你，没事儿！"

　　于是——"痛！啊啊啊……"响彻天穹。

　　这种糗事我一辈子也不想再回忆，不过好在见证者只有苏子衿这个小妮子一人。那时我还不知道她叫什么，我也没想过之后会和她有什么。直到正式上课，嗯，你们猜到了，这是个多少有些俗套的重逢——

　　"呀，那个叫声像杀猪的同学，我们又见面了！对了，你的脚好了没？"

　　"我不认识你……"

　　所以，同桌的那个她，在一点儿也不美好的氛围中，由一个大咧咧、完全不识人脸色的苏子衿，与一脸黑线、好想找个地洞钻进去的夏夜，共同上演。

2

　　后来我们能成为他人眼中的亲密友好姐妹淘，完全是因为两个人都与吃结缘，嗯，这是文艺的说法。通俗地说，我俩都是吃货。

但是啊，我和苏子衿不同，她不在乎吃下去的东西在体内转化为脂肪，用她自己的话说，吃得坦荡荡。不过就事实而言，她除了越长越高，其实也没胖到哪里去。可我跟她站在一起，明显矮了半个头，你说说，我能没有警惕性吗？

不知是从哪天起，苏子衿开始在晚自习诱惑我去吃美食，这种听着就长肉的事情，却一次次被那妮子得逞，主要还不是因为我的善解人意嘛。当然，每次我也吃得很欢这不假。

那一天，我在食堂转角处的墙面上发现一张海报，"签售会"几个字写得特别大。那时爱极了看书，闲暇时分总是宅寝室里啃小说，开学不到半个月，借书卡上的借书条目，已经需要翻页查看了。

我拉苏子衿凑近了看，原来是名为"七堇年"的作家新书签售会。我是知道这个名字的。有次在浏览作家落落的照片时，看见过两个人的合影，下方注着：我与小七。我想，那个在照片中笑得一脸灿烂的女子就是七堇年了吧。

我对苏子衿说："要不，去看看呗？好歹是知名的作家，要个签名也不错吧？"苏子衿对此没有很大的兴趣，但她说周末闲着也无聊，答应了陪我。

后来，一场大雨淋毁这场本该发生的照面。

3

说实话，这件事对我，抑或对苏子衿来说，都不算多大的事儿，完全没放在心上。我也只是偶尔念叨两句，本该有的签名泡汤了，实在不带多少感情色彩。

要说真的感觉心揪了一下地疼，是在我浏览帖子时，看见有人冒雨去把这场签售会拍下来。出于好奇点进去看，一张张像素并不高的照片渐次铺在眼前。照片中的七堇年戴着眼镜，头发简单地束起，抱着一把木吉他看似正在弹唱。那样的感觉，太朴素，却很真实。原来，那不仅仅是一场签售会，也是小七的读唱会。

原谅我，我想我是真的误会了，那个长相美好的女子，那张合照，是在一次庆功宴后。狂欢结束，她也褪去华服，低调回归原本的朴素作风。

4

烟花春晓。在高考之前。

如果有人不嫌弃流水账，那么有关"夏夜与苏子衿的高中吵闹物语"一定记得又长又丰富，而其中大部分篇章与吃有关。那段时间，只要听见苏子衿的声音，那句

"走，我们晚自习吃夜宵去"就像魔咒般，绝对执行。

可是又从哪天起，这般没心没肺的日子唰啦一下全部流尽，回归平淡、回归静谧。我们看书、做笔记、上晚自习，一切习惯得如同自然规律。我再不敢周末啃小说了，而苏子衿送我的七堇年的全部书籍，也沾染了层层尘埃。

高考就那么过去了。回寝室收东西，自然舍不得落下小七的书。夹着书签的那一页，温柔地记着苏子衿的字迹——"如果我们有天湮没在人潮中，庸碌一生，那是我们没有努力活得丰盛"。

如果不是我哭了，又怎么解释嘴里咸咸的味道？

苏子衿，那个名字美好得如同往世恋人般的名字——青青子衿，悠悠我心。颤抖着手指，在手机上翻查出她的通讯录，拨出，然后听见那个笑意盎然的声音响起，那句"夏夜，你报哪所大学？"赫然涌入耳中。

七堇年在《灯下夜祷》中写道："我说人生啊，如果尝过一回痛快淋漓的风景，写过一篇杜鹃啼血的文章，与一个赏心悦目的人错肩，也就足够了。"

可我说，不够呢，我还想和苏子衿那妮子共同书写美好的大学生活。如果你还有兴趣，我们下回再说。好吗？

何佳琪的淡定同桌

刘荣付

伴着台下若隐若现的惊叹声,我一副至尊红颜的模样开始了自我介绍:"我叫何佳琪,转来这里实属情非得已,在中考来临之际,我希望男生们……"没等我说完,台下就响起了起哄声。面对有些失控的场面,班主任王老师一边安抚大家的骚动,一边转向我说:"学校有规定,像这样的衣服是不能穿的。"我低头一看,裙子左侧裂了一道线,原来大家刚才惊叹的不是我的容貌,而是开线后露出的大腿。天啊!糗到这种地步,我恨不得找条地缝钻进去。

"你的座位……"王老师的话刚说到一半,就被一个突然闯进来的男生打断了。"宋欣哲,你又迟到了!"老师面露愠色。那男生态度极其嚣张,不屑地看了他一眼,直接走到自己的座位。王老师对着他的背影摇了摇头,其他人则一脸木然,仿佛已是很平常的事了,只有我目瞪口呆地欣赏着帅哥的叛逆秀。

"王老师,我就坐他旁边吧。"我的话让所有人吃了一惊,都瞪大了眼睛看着我。"你,不觉得那个位置有点儿太靠后吗?"王老师试探着,希望我改变主意。"不用了,我和宋欣哲认识的。"这个令我自己都不能相信的谎言,就这么鬼使神差地吐了出来。结果,我在众人吃惊目光的注视下,走到了一脸茫然的宋欣哲旁边。

"以后请多指教。"我友好地伸出手,没想到宋欣哲竟头也不抬地继续看他的小说,让我十分尴尬。好不容易挨过了一节课,我完全没有听进去,一直在思索感叹,上帝果然是公平的,他长着如此俊美的脸庞,听口气成绩也绝非等闲。不过有句话叫"只可远观不可亵玩焉",这么有距离感的男生怎么相处啊,难怪没有朋友。

突然,他抬头看着我,然后说:"你是白痴吗?"这句话显然让我清醒了不少,我本能地反驳:"你会不会说话啊?"不过他清新的气质显然削弱了我的攻势,我似乎又掉进了花痴的世界,像记者一样问道:"你家在哪?"

"你不是认识我吗?应该知道啊?"他反问道。刚才一时嘴快为了让老师信服我坐过来的理由,我居然完全抛到了脑后。为了缓解尴尬的气氛,我盛气凌人地说:"说认识你是对你的恩赐,坐过来是对你的同情,本小姐初来乍到,不习惯太嘈杂的环境,看你周围空位这么多,怕你孤单一人就坐过来，就这么简单。"

随着来到八班的日子由短渐长，我熟悉了这里的一切。转眼间，到了我很期待的校艺术节，大家像听新闻联播似的听着班长任靖里在台上口沫横飞地述说着艺术节的各项活动。本以为枯燥的校园生活总算能有一点儿生机了，可是看到大家这种状态，还真是让我失望，于是我自告奋勇向老班提出了参加艺术节的想法。

可是孤掌难鸣。写出剧本后，排练的过程堪比难产，首先是角色问题，其他角色还好找，只是剧本中男主角爱德华爵士，我是特别为宋欣哲量身打造的，尽管我已跟他周旋了很久，但他始终都是不答应。

"拜托，请你体谅一下我的苦心好不好？我可是费尽心思把你的台词雕琢得要多精彩有多精彩……"我苦口婆心地对他说。"我不感兴趣。"还是冷冷的回答。"你真是太没班级荣誉感了！"我实在是忍无可忍。"你不要再来烦我了，找别人吧……"他从座位上起来准备走出去。"你去哪儿？"我抓住他的袖子问。"去厕所，你不是也要跟来吧？"看着他的背影，我也不知哪根神经错乱，竟尾随他走到男厕所门前。

"你到底想怎样？"宋欣哲一只手搭在墙上，面孔离我的脸越来越近。我一把推开他："只要你一天不答应，我就一直跟着你，直到你答应为止！"

这次的事件在年级里风传了很久，对我指指点点的人不少，但随着大家对我的熟悉，也就不再把我当成外星人看待了。

虽然有很多人觉得宋欣哲拒人于千里之外，但我能感受到他眼神背后的热情，这也是我执着的原因。

夕阳洒进窗棂的时候就是放学的时刻，今晚刚好不用上晚自习，我当然不能放过这样排练的好时机。这么想着，看见宋欣哲已经在收拾书包，我眼疾手快地拦住他，对他下最后通牒："无论你愿不愿意都由不得你，让你演这个角色只是要知会你一声，你不需要有什么意见。今年的艺术节训导主任负责，你要是这点儿面子都不给，今后可有你的麻烦了。"

"随便你……"宋欣哲背起包就向门口走去。"站住！"我大声喝住他，正准备给他点儿颜色，没想到脚下一个踉跄，飞身扑倒在他身上。教室里虽然剩下的人不多，但是周围还是出现了不小的反响。

"你……你干什么？"宋欣哲有点儿"花容失色"了。我赶忙站了起来。突然间，我意识到这是个顺水推舟的好机会。于是我顾不上腿部的疼痛说："就凭刚才的举动我就可以向老师告你的状去！"看着周围已经被惊呆的男女生，我故意吓唬他说："你要是不答应出演我的话剧，你我的事明天人人就都知道了！他们全都可以做证！"不知所措的众人像看疯子一般看着我连连点头。

宋欣哲愣了一会儿，才不情愿地走了过来，从我手中拿过剧本说:"今晚我先熟悉剧本,我不想浪费太多时间……"能听到这些话我已经很高兴了,起码这一摔没有白费,虽然不厚道,但很值得。

之后的日子,排练还算顺利。但是好景不长,离正式演出只有一个星期了,可暴露出的问题却还很多。生活委员韩林所饰演的伯爵夫人总是出问题,开始是碍于情面我没有做过多的追究和指责。但是,随着她出错的次数增多,加上演出日期的临近,我仅有的耐心也所剩无几了,终于在一天晚上爆发了。

"韩林,这个部分要展示出伯爵夫人的傲气,要揣摩人物性格,你这个角色本来是剧中的亮点,被你演得反而成了剧中的污点了!"韩林也毫不示弱地说:"我已经很用心了,如果你觉得不好的话,那就另请高明吧!"说完,韩林脱掉自己的戏服夺门而出。

见此情景,大家一言不发。宋欣哲打破了沉默:"不演的话,我就走了。""全部都走!"我已经无法克制自己了。整场排练就这样不欢而散。

走在回家的路上,看着昏黄的路灯,我心里难受极了。我为这个话剧付出了很多,可换来的却是大家的不理解,今晚发生的事令我注定要以失败告终了,想着想着,不由得落下泪来。

突然一只手搭在了我的肩上,我吓得叫出声来。转头一看,居然是宋欣哲:"你把它落在教室了。"他淡淡地说，手上拿的是我的剧本。"谢谢你。"不知为什么，要强的性格在这一刻被击得粉碎，怎么掩饰得了呢，眼泪不自觉地又跑了出来。

"哭吧，难过的权利每个人都有，我知道你为演出付出了很多，也明白你此刻的心情。"这样的话让我很安慰，而且从他嘴里说出来，更让我心里暖暖的。临别时，宋欣哲说："累了就停下来，世上没什么比放弃的速度更快了。"我转过头去，发现他已走远，只是那个在灯下若隐若现的身影，在我心里却是那么清晰。

也许是宋欣哲的话激励了我，我决定不能放弃。经过再三考虑，我在翌日早上找到韩林，向她表达了我的歉意。我说："韩林，在我心里，你一直都是我的好朋友。我今天找你说这些，并不苛求你继续来演这部话剧，我只想让你知道，演出如果没有你们，单凭我一个人是完不成的。但如果要以牺牲你我的友谊来排演这部剧，那我宁可放弃。"韩林听了，摊开双手说："我只当你昨天发了疯，下次排练是什么时候？"

最终，我们的话剧取得了成功，为班级夺得了二等奖，我也得到了比荣誉更有价值的东西，成长了不少。

转眼间模拟考试开始了，之前在排演话剧上花掉的时间现在得拼命补回来。我深知自己在年级属于中等水平，将来和他不可能有什么交集，他会去全市最好的一中，而像我这种高不成低不就的只有去中等生的"集中营"——

玉林中学。

即便如此，我还是不肯放松，想要搏一搏。于是我全身心地投入到了奋战一中的战斗中，架在鼻梁上的眼镜遮不住我日益加深的黑眼圈。而宋欣哲呢，每天显得很悠闲。我心里既羡慕又嫉妒。两个月的奋斗是否有成效终于在这次的模拟考试中全面揭晓。

望着成绩单上醒目的年级排名四十七，我心中五味杂陈，虽然比起以前的成绩进步了很多，但这个成绩要上一中还是凶多吉少的。想着想着，涌上一股心酸，眼泪也直打转。

"天道酬勤啊！"背后传来宋欣哲的声音。"你怎么知道我在天台？"我问道。"猜的。"他跳上天台，坐了上去。"你上来有什么事吗？"我接着问。"没什么。"他沉默了一会儿接着说，"何佳琪，其实你是挺让人瞩目的，如果能把成绩再提高点儿，那可就完美了。""可我怎么提高成绩呢？"我又黯然伤神了。"我帮你。"说着，宋欣哲伸出了他的手。我犹豫片刻，紧紧地握住了他的手。

从那以后，宋欣哲天天都在课间或放学后主动帮我补习功课。炎炎夏日，我们的汗水最终蒸发在六月半……尽管我尽了自己最大的努力，可还是没能摆脱去玉林中学的命运，这让我整个暑假都沉浸在失落之中……

九月，新学期开始了，新班主任在讲台上讲着新生注意事项，突然有人敲门，并示意我们她出去一下。过了不到五分钟，她带着一个男生走了进来，微笑地介绍道："这位是宋欣哲，中考成绩非常优秀，希望大家多向他学习。"说完这些，老师准备安排座位，宋欣哲指着坐在后排的我说："把我安排在何佳琪的旁边吧，我们认识的。"这句熟悉的话让我的激动达到了沸点。我一脸疑问地望着他，他似乎洞察了我的心思，淡淡地说："我从没说过我要去一中啊。再说，我答应过你的事是不会半途而废的。"

望着这熟悉的面孔，我心中波涛汹涌，我感谢自己没有放弃期许，感谢自己的人生开启了新的篇章，而且是之前美好回忆的续集……

寂

木秋夏穆

我是宇宙中的某尘埃,非诚勿扰。

很长一段时间内,我都很喜欢向日葵,那个执着的傻东西,直到死都追求太阳的笨蛋,即使它知道盼白了头也盼不到那个高贵的发光体。

其实早就知道向日葵的另一个很好听的名字,于是潜意识中就开始学着做一株呆呆的向日葵,木然地徘徊在甬道上观看繁华的都市里人山人海,疲倦地游荡在心绪中,思念耀眼的木星体光芒万丈,最后卑微地蜷缩在角落里仰望浩瀚的苍穹,守望三生。

可是,当观众离开剧场,青春散了,我也倦了。

木 亦 羽

不知怎么的第一个就想到了你，貌似有那么一点点必然的因素吧。

本来那个平平淡淡清香袅袅的早晨是可以平平淡淡清香袅袅的过去，但天知道我为什么会忘记带钥匙，回公寓的路上正碰见挥拳头的你。那么潇洒、孤傲。好吧，我记住你了，记住你打架时的优雅，转身时的华丽，将书包扔到肩上时的意气风发。

每每会在一颦一笑一字一句，水波荡漾或风过花落间，恍惚看到你的身影，幻想在某个瞬间捕捉到你的声息，想象在第一百零七封邮件之后能够有勇气站到你面前破天荒地说上一句"你好"，顺便附赠一个完美无瑕的笑容。好吧，我承认这很狗血，但是啊，你一定不知道我是怎样在午夜梦回时粗心地将窗棂间的树影读成了你。

我们终究是见面了，在机场。你要走了，我哭了。我说你好。我说我是墨寒。

你不负所望云淡风轻地笑。

没有意外，你和你的医生去了我够不到的地方。你发来短信说再见，我看着你将手机卡扔进垃圾筒里走向检票口的背影，默默地回应，好的，再也不见。

易　楠

　　宽大的落地窗被染上橘色，你强撑着睡意蒙眬的眼睛，打着哈欠，听我唠叨着天南地北的事情，时不时哼哼哈哈地敷衍几句，或者很鄙视地瞪着我恶俗的表情不屑地怒吼"我数到三"。这是你的口头禅，对我不管用。你很无奈是不是？

　　我以为的，我可以永远做你的"楠小寒"。

　　就像你说你喜欢喝茶，我可以为你沏一壶龙井；你说你喜欢鲜花，我可以为你捧一束玫瑰；你说你喜欢安静，我可以为你清扫不重要的路人甲……我真的有点儿沦陷了，毕竟你说你喜欢的东西实在好多，可只要是你，我仍旧会照做。

　　我习惯了你叫我"楠小寒"，甚至于老师叫我大名让我回答问题时我都犹豫了好久。

　　唉……明明你除了银白的发、不羁的笑、闪闪的眸、白皙的皮肤、漂亮的脸蛋、冷漠的表情、傲人的成绩外，再无可取之处啊。

　　欸，亲爱的，你会等我吧，在那个属于我们的、遥远的、梦的彼方。

阿　羽

于你，记忆都被熏黄了呢……

有些散乱的风，将书页都吹得散乱了。

不经意间，厚重的英语书悄然翻开了几页。

A、B、C、D、E、F、G、H……有点儿晕。

当书页完全摊开，看到上面的一行小字时，我都不清楚自己是该哭还是该笑了。

"Maybe yes maybe no."

那是你曾经挚爱的名言啊。

忘了你是什么时候从哪个地方抄袭了这句话，我认定你是抄袭的，因为凭你那懒到天下无敌的性格，大概不会勤快到抽出时间来反驳我吧，当然你大可以用你一贯懒洋洋的声音回答我：Maybe yes maybe no。

记忆中，你总是漫不经心地穿着一件洗得发白的黑衬衫，带着你最宝贝的篮球，踩上我的脚，看着我咬牙切齿咧嘴一笑，不顾我的哀号说："我刚刚好像被硌到了。"你总是这样漫不经心地在我的生命里留下些看似漫不经心却极具杀伤力的痕迹。

甚至告别的时候，亦能让我的心长满青草呢。

阿羽，别人的阿羽。

丫 头

感谢上苍，我认识过你，丫头，我愿意在每个云淡风轻的午后等你，等你在某一天突发奇想地回眸。

丫头，如果你还记得老大，还记得3月27日，还记得"铁丝集团"，还记得妍宝，还记得所谓的丫头，还记得那场盛大的逃亡，还记得WC里的"刘羽帆、周豪、牛钰淞"，还记得这些，那么，请你转身。

丫头，我不知道朋友之间的战争从何而来。就连屠夫也说："山市，你和'老翟'夫妻一场怎么闹别扭。"我也只是摇摇头说："屠夫先生你不懂，这只是浮云。"

丫头，浮云之所以被称为浮云，正因为它什么都不是。

我很遗憾，丫头你一直记得我那句该死的"两个大女人拉拉扯扯成何体统"。

因为你明明知道女人都是口是心非的家伙。

丫头，我说过我会保护我们的幸福。

可是对不起，我亲爱的丫头，这世上没有任何的绝对，所以我不清楚我们是在什么时候哪个瞬间出现了不愉快，或者术语叫它"隔膜"。我终究也没懂到底是我太任性伤害了你，还是你没理解我的深意误会了我。

记着丫头，我不是没有挽留过。

我在小亭的柱子上摸索过，在学校的楼层中穿梭过，在回家的小路上一一辨认过，然而那个让我眼前一亮的纤瘦的你，终究没有出现。我的寂寞恣意生长着，内心的虚怯让我惶恐不安，所以我迟疑了。

最后的最后，在多雪的日子里默默地、小心翼翼地捧着回忆，在无尽彷徨中告诉自己——有些想你。

不正君子

我有时候也极其郁闷地问过自己，不正君子你到底算什么？

一个韩国人，一个朋友暗恋过的男生。不正君子你很牛呢，包括你的天蓝色的外套，落拓恶俗的表情，甚至是考试不及格时冠冕堂皇的理由，以及你那带有少许"地方"口音的中文。写到这里，我很想甩出一副自己都不屑的嘴脸仰天长啸"Oh my god!"我们是什么时候有了交集的？你开始一而再、再而三地"提醒"我正视自己的缺点，我不甘示弱警告你注意自己的德行。你总是要逼迫我爆发，或是说你处处针对我，不然的话，还麻烦您老人家给我一个更好的理由解释一下你是哪根末梢神经坏死了导致你在众目睽睽之下说出那么暧昧不清、意味深长、引人深思的话？还整得挺隆重壮观美其曰"完美的"。其实除了我没人知道那是咱俩打的赌而已。

其实我早就知道你要走的，但我仍旧没说出那句也许你真的想听到的话，因为我觉得我不该自私地打扰你和你的旅途。

所以不说才更好。泪奔。

唉……请别走。

破小孩儿哲哲

天边的一排大雁默契地回首，摇曳了岁月的寒秋。

喜欢一个人偷偷地叫他哲哲。

哲哲是一个帅气的男孩儿。漂亮的一字眉谱着忧伤的调子，也会潇洒地将本子扔出一个"$a<0$"的抛物线，挑着眉毛命令我"抄记事"。

哲哲会很乖很乖地趴在桌子上睡觉，任凭老师如何的聒噪，课间如何的吵闹，安静如他，依然会在梦中弯起嘴角，是天使的笑，唯美到缥缈。于是我开始坏坏地想，希望只有我才能拥有这朴素又繁华的笑。

我忘了自己是什么时候养成的这个习惯，一次一次地点开漆黑的屏幕，盯着上面的树袋熊直到屏幕暗下去然后再一次亮起。我不知道自己在等什么，明明你不会再给我打电话了。

事实上，哲哲没有什么特别之处，但我总是在有他的地方颜面尽失，如着了魔一般不知道所措。

所以，哲哲是不一样的。

——喂，破小孩儿，我好无聊啊。

——那你来我家吧。

——我不认识路啊。

——我也不认识。

尾　声

谁说过的啊，幸福是这世上最难得的东西。

想当初我也曾信心十足地说你们要陪我过一辈子。

可是，一辈子太长，谁都给不起。

原来向日葵又叫望日莲。

怪不得我再怎么模仿也不是向日葵。

记忆最后的那片蔚蓝海

暮浓城

是孟三生带我去看的海。

当林暮子第一次听到孟三生这个名字的时候,坐在最后一排靠窗的位子上笑得肆无忌惮。那个叫作孟三生的少年站在讲桌边上,穿着白色的衬衫,嘴角边的笑容上扬得堪称完美。

我从未想过会有这么一个少年无论何时何地都黏着我,不比沈佳航的叛逆嚣张、喻江晨的温顺美好,就是那样,毫无目的地跟在我身后。在沈佳航和喻江晨离开的那段时间里,孟三生每天早晨带我去喝兜汤吃杯糕。结果,在他的不懈努力之下,我终于用了不到一个月的时间胖了两斤,然后我妈笑我:"暮子啊,你再这样胖下去小心以后没人要!"

听见这句话的我很不服气地瞪了一眼我妈,很骄傲地抬起头对她说:"才不会!你少用这句话来吓唬我了!"

是的,从小到大我妈用这句话不知道让我乖乖改好多少。等到长大才知道,原来我妈不过是为了治我才说那些不着边际的话。哎哟,这就是所谓的年少无知啊!然后我就指着我妈对我爸说:"爸,你看你老婆!你怎么会娶这样的女人?"

这句话一说出口我妈就在家里翻着找鸡毛掸子准备揍我。我当时心里是何其地鄙视我爸那个不帮自个儿亲闺女的男人!

然后呢?然后啊,我就跑出了家,找到了在北城一家电玩城里的孟三生。

让我想想,当时孟三生看到我的时候那个表情叫一个错愕,我努力地扮出可怜的样子拽着他的袖子说:"孟三生,你要收留我一个晚上了……"然后在孟三生的眼神之下我就把事情的来龙去脉一个细节一个细节地告诉他。听完我的话,孟三生想都没想就拉着我出了电玩城,然后……直奔我家。

我记得那天晚上我对着墙面壁思过,在心里哀号。而孟三生则受到了我妈的热情款待,坐在我家沙发上和我爹妈唠嗑吃着水果。

从此之后,我就开始进行了"我不坑他谁坑他"的隐秘活动,而孟三生不过是一笑了之。这样一个清心寡欲的人啊,在我实在想不出好点子整他之前,我就弃械投降了。

　　我弃械投降的那个傍晚，因为英语作业没做所以被留下来罚抄写单词二十遍，所以一直坐在教室里奋笔疾书。他站在窗户边，看着夕阳西下，安安静静地在那里等着。等到我抄完了也快六点了，他走到我面前问："抄完了？"我吸了吸鼻子，点了点头。然后抬头看着孟三生，咧嘴露出八颗牙齿的标准微笑："孟三生，我们和好吧，以后我再不坑你了。"

　　孟三生微微一愣，什么也没说。

　　后来，在一个太阳温和的午后，我依稀记得他问我："林暮子，你最想要什么礼物？"我听见他的话，然后眯着眼睛看着孟三生站在阳光底下，阳光照耀着他单薄的身子勾勒出美好的曲线。我抬起头对他说："孟三生，我想要去看海。"

　　我一直生活在北城，想要去南方看海是一件不容易的事情。但是孟三生真的做到了，他带我去了南方看海。

　　那是初三中考之后，他带着我去了南方。当我站在海边触摸着海水，赤裸着脚站在沙滩上感受着海风的味道，他坐在礁石上拿着画板手里握着2B铅笔，那幅画最终我也不知道他画的是什么。这是孟三生自行组织的两人南方海边七日游，在那七天里，孟三生带我去吃南方的小吃，带我去烤肉，然后在大晚上的跑去海边吹冷风，还美其名曰：有情调。

该回去的时候,却只有我自己一个人回北城。回去的那一天,孟三生说他有东西落在了宾馆,于是在把我送进了安检之后便跑回去拿。可是等到飞机起飞了我坐在那里都没有等到他。

那是一种怎么样的感觉?我也说不清楚。只是那一路想了很多……等到下了飞机把手机开机了才发现,孟三生发了一条短信过来,只有短短的两个字:再见。

也许是哭多了连哭都不会了,我看着那条短信轻轻地就笑了。然后,把那条短信彻底删除。

我知道孟三生会走,因为有人对我说过,他本就是南方人;我知道孟三生会走,因为他曾经在某个夜晚拉着我喝酒喝得烂醉,含糊不清地对我说,他不想离开;我知道孟三生会走,因为他的短信被我不小心看见,上面的内容是:高中回来南方念吧。

我知道的远远比孟三生瞒着我的要多得多。我还知道,孟三生喜欢我。他最后都没有说出口的那四个字不过是因为偶然看见我的书信上面写满了沈佳航的名字。

有些话不用戳穿,谁都明白。

只是我还来不及向你道谢,谢谢你带我看过那片海,给予我永世难忘的那片蓝。